図解 相続対策で「信託」を使いこなす

税理士法人タクトコンサルティング・税理士
宮田房枝 著

中央経済社

改訂・改題版刊行にあたって

　2014年10月，本書の前版となる『図解　相続対策で信託・一般社団法人を使いこなす』を出版致しました。

　発売当時，84年ぶりの信託法の大改正から5年以上が経過していましたが，いわゆる「民事信託」は一般的にも，実務的にもまだまだ馴染みの薄い制度であり，相続対策や事業承継対策における信託の活用の余地はあまり認識されていませんでした。

　そのような状況下，前版は，できる限り一般の方にもわかりやすく信託の概要や活用事例をご紹介することを目指し，信託の入門書という位置づけにて，図表を多用し，できるだけ平易な表現で執筆することに努めました。その結果，2017年8月までの3年間で19刷と，ご好評をいただくことができました。

　その間，「民事信託」に関する理解が徐々に浸透し，信託法についてもっと知りたいという感想が多く寄せられました。そこで，2016年3月，株式会社中央経済社より拙著『そこが知りたかった！　民事信託Q&A100』（以下，「Q&A100」）を出版致しました。Q&A100では，信託法全271条のうち，家族で信託を活用する場合に関係する条文について，図表を多用して執筆するよう努めました。解説中に条文番号も入れることで，信託（特に民事信託）にかかわる方にとって，辞書代わりになるような「手元に1冊あると便利な本」を目指しました。

　また，平成30年度税制改正において，特定一般社団法人等に対する相続税の課税規定が創設されました（詳細は第5章5.8参照）。

　今回の改訂・改題版刊行にあたっては，前版に対し，主に次の追加・削減等を行いました。

【追加】

- ✓ Q&A100でご紹介した項目のうち参照頻度の高いものの解説を追加しました（25項目の追加）。ただし，本書はQ&A100に比べて入門書としての位置づけが強いものであることから，解説内容はより一般的・平易なものとなるよう配慮しています。
- ✓ 信託とともに成年後見制度や任意後見制度を活用する事例を追加しました（第２章事例２，事例13）。
- ✓ 遺留分に関し，予定されている民法改正の解説を追加しました（ポイント解説④）。
- ✓ 一般社団法人に関し，平成30年度税制改正の解説を追加しました（第５章5.8）。

【削減】

- ✓ 一般社団法人については，前版では信託と並んで１つのテーマとして解説していましたが，本書では書名タイトルから下げ，信託の受託者として活用する場合の解説という位置づけにボリュームを落としました（３事例・５項目の削減）。

これらにより，本書は信託の活用を検討される方の「入門書」としての位置づけを維持しつつ，内容をより充実させたものとなったと考えております。

本書を通じ，信託をより身近に感じていただき，１件でも多くのご家庭のより良い相続対策につながったとしたら，大変嬉しく思います。

最後になりましたが，株式会社中央経済社の高橋真美子氏には，大変お世話になりました。専門家の方はもちろん，専門家以外の方にも読みやすい本を作りたいというコンセプトのもと，共に試行錯誤していただきました。この場を借りて，厚く御礼申し上げます。

2018年12月

税理士法人タクトコンサルティング

宮田　房枝

改訂・改題版刊行にあたって

第1章　信託とは・1

1.1　信託法の大改正 ……………………………………………………… 2
近年の大改正と新制度の普及

1.2　信託の概要 …………………………………………………………… 4
信託とは

1.3　登場人物 ……………………………………………………………… 5
基本的な登場人物・任意で設定できる登場人物

　　ポイント解説①　受益権，受益債権，受益証券・7

1.4　信託のポイント ……………………………………………………… 8
信託の特徴点

　　ポイント解説②　自益信託と他益信託・10

　　ポイント解説③　商事信託と民事信託の主なメリット・デメリット・11

第2章　事例　こんなに使える信託・13

事例1　認知症に備えて活用 ………………………………………… 14

　　ポイント解説④　遺留分侵害額の請求・20

　　ポイント解説⑤　超高齢社会と認知症・21

i

ポイント解説⑥　成年後見制度・22

ポイント解説⑦　成年後見との違い・23

事例2　認知症に備えて任意後見制度とセットで活用……………………25

事例3　遺言代わりに活用………………………………………………………28

ポイント解説⑧　小規模宅地等の特例・30

事例4　夫婦2人分の遺言として活用…………………………………………32

事例5　孫への将来のプレゼントとして活用…………………………………35

ポイント解説⑨　相続税額の2割加算・38

事例6　高齢者の土地活用のために活用………………………………………39

事例7　不動産共有相続のトラブル回避策として活用………………………42

事例8　浪費癖のある子供の無駄づかい防止に活用…………………………45

ポイント解説⑩　遺言信託と遺言代用信託の違い・47

事例9　先祖代々の土地の円滑な承継のために活用…………………………49

事例10　株式の生前贈与に活用…………………………………………………51

ポイント解説⑪　信託の活用にあたっての着眼点・56

事例11　円滑な事業承継のために活用…………………………………………58

ポイント解説⑫　信託の目的・62

事例12　一般社団法人を信託の受託者として活用……………………………63

事例13　精神障害のある子供の財産承継のために，成年後見制度とセットで活用……………………………………………………………68

第3章　信託のキホン・73

3.1　信託の開始………………………………………………………………………74

信託契約・遺言・信託宣言

ポイント解説⑬　自益信託と自己信託・77

Contents

3.2 受託者の義務 ……………………………………………………… 78
　　義務・責任

3.3 信託財産 ……………………………………………………………… 80
　　信託財産の範囲・分別管理

3.4 信託の変更 …………………………………………………………… 83
　　変更当事者・変更方法

3.5 信託の終了 …………………………………………………………… 85
　　終了事由

3.6 残余財産の帰属 ……………………………………………………… 87
　　残余財産の帰属者・受益者としての権利を有する期間

3.7 信託と遺留分の関係 ………………………………………………… 89
　　遺留分侵害額の請求の可能性

3.8 信託における会計・税務 …………………………………………… 90
　　計算期間・会計処理・書類の作成・税務上の留意点等

3.9 信託の効力発生時の課税関係 ……………………………………… 96
　　自益信託の場合・他益信託の場合・流通税

　　ポイント解説⑭ みなし受益者（特定委託者）・99

　　ポイント解説⑮ 「所有権の移転の登記」と「所有権の信託の登記」・101

3.10 信託期間中の課税関係 …………………………………………… 102
　　租税回避防止規定・変更があった場合・流通税

3.11 信託終了時の課税関係 …………………………………………… 106
　　受益者＝帰属権利者の場合・受益者≠帰属権利者の場合・流通税

3.12 受益権の税務上の評価 …………………………………………… 108
　　受益権・受益権の評価

3.13 税務署への提出書類 ……………………………………………… 112
　　信託の計算書・調書等

第4章　信託に関するよくあるギモン・117

[委託者]

4.1　委託者になる場合の注意点を教えてください。………………118

4.2　委託者の地位は移転できますか？……………………………120

4.3　委託者が破産した場合，信託はどうなりますか？……………121

4.4　委託者が死亡した場合，信託はどうなりますか？
　　　委託者の地位は相続されますか？………………………………122

[受託者]

4.5　家族が受託者になる場合，信託業法に抵触しませんか？………124

　　　ポイント解説⑯　信託業法とは・125

　　　ポイント解説⑰　民事信託と信託報酬・126

4.6　受託者になる場合の注意点を教えてください。………………127

4.7　受託者は事務の処理を第三者に委託することができますか？……128

4.8　誰が受託者を監督しますか？……………………………………130

4.9　受託者が破産した場合，信託はどうなりますか？……………131

4.10　受託者が死亡した場合，信託はどうなりますか？……………132

4.11　受託者を辞任・解任することはできますか？…………………134

4.12　受託者が，信託法上求められる財産状況開示資料等の作成・報告を怠ったり，税務上求められる信託の計算書等の提出を怠ったりした場合の罰則について教えてください。……………………136

[受益者・受益権]

4.13　受益者になる場合の税務上の注意点を教えてください。………137

4.14 受益者は信託に関してどのような権利を持ちますか？ ……………138

4.15 重度の知的障害を持つ子供や認知症の妻も受益者になれますか？
………………………………………………………………………139

4.16 受益者に内緒で信託を設定することはできますか？ ……………140

4.17 受益権を譲渡することはできますか？ …………………………141

4.18 受益権に質権設定することはできますか？ ……………………142

4.19 受益者は1人しか定められませんか？ …………………………143

4.20 受益者が破産した場合，信託はどうなりますか？ ……………146

4.21 受益者が死亡した場合，信託はどうなりますか？ ……………147

　　ポイント解説⑱　法人課税信託（税務上の取扱い）・148

［信託財産］

4.22 借入は信託することができますか？ ……………………………151

4.23 抵当権が設定されている不動産が信託された場合，その抵当権者は不利な扱いを受けることになるのでしょうか？ ……………153

［信託の実務］

4.24 信託事務を処理するために必要な費用はどこから支出しますか？
………………………………………………………………………154

4.25 信託の倒産隔離機能とは何ですか？ ……………………………155

4.26 信託したい財産を特定するために信託契約に預金の口座番号を記載すると，信託契約そのものが無効になりますか？ …………157

4.27 信託終了後の清算について教えてください。 …………………159

　　ポイント解説⑲　遺留分制度を潜脱する意図で利用された信託
　　　　　　　　　（東京地裁 H30.9.12）・160

v

第5章 どうなる!? 一般社団法人の取扱い・163

[概　要]

5.1　一般社団法人について教えてください。……………………164

5.2　一般財団法人との相違点について教えてください。…………168

　　ポイント解説⑳　一般社団法人と株式会社・171

5.3　一般社団法人の社員とはどのようなものですか？……………173

5.4　一般社団法人の機関設計について教えてください。…………175

5.5　一般社団法人の会計・税務について教えてください。………177

[特徴①「持分のない法人」]

5.6　持分がないということのポイントを教えてください。………179

5.7　社員に相続が発生したときはどうなりますか？………………183

5.8　理事に相続が発生したときはどうなりますか？………………185

5.9　一般社団法人（普通法人型）に対して財産を遺贈した場合の課税関係について教えてください。……………………………189

5.10　一般社団法人に対して財産を贈与・遺贈した場合の租税回避防止規定について教えてください。……………………………192

[特徴②「剰余金の分配ができない」]

5.11　剰余金の分配をすることができないとは、どういうことですか？
……………………………………………………………………194

5.12　一般社団法人が解散した場合、残余財産を社員に帰属させることはできますか？………………………………………………196

参考文献／197

索　　引／198

【凡　例】

略称	法令等の名称
信法	信託法
信令	信託法施行令
信規	信託法施行規則
信計規	信託計算規則
補足説明	信託法改正要綱試案　補足説明（法務省民事局参事官室）
信業法	信託業法
所法	所得税法
所規	所得税法施行規則
所基通	所得税基本通達
法法	法人税法
相法	相続税法
相令	相続税法施行令
相規	相続税法施行規則
相基通	相続税法基本通達
財基通	財産評価基本通達
印法	印紙税法
登法	登録免許税法
地法	地方税法
地方附	地方税法附則
措法	租税特別措置法
措規	租税特別措置法施行規則
一般法	一般社団法人及び一般財団法人に関する法律
一般規	一般社団法人及び一般財団法人に関する法律施行規則
公益法	公益社団法人及び公益財団法人の認定等に関する法律
昭39通	昭和39年6月9日付直審（資）24，直資77
中間整理	平成20年9月信託を活用した中小企業の事業承継円滑化に関する研究会「中間整理　〜信託を活用した中小企業の事業承継の円滑化に向けて〜」

※本書は，平成30年12月1日現在の法令等によっています。

本書の前提等

本書では，次の前提をおいて記載しています。
- 委託者の家族や同族会社などが，営業としてではなく引き受ける（受託者となる）信託（いわゆる「民事信託」）を前提としています。
- 受益証券を発行しない信託を前提としています。
- 限定責任信託（受託者の責任が信託財産に限定される信託）は前提としていません。
- いわゆる「事業信託」（事業そのものを信託すること）は前提としていません。
- 所有権の対象ではない株式や債券等に対しても，便宜上，「所有」という表現をとっている箇所があります。

 本書の主な登場人物

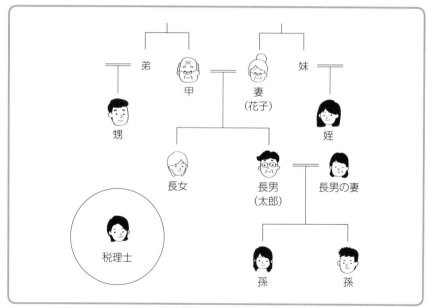

※　事例ごとに前提の連続性はありません。

第1章

信託とは

民事信託というコトバを
最近よく聞きますが…

　近年，民事信託が新しい相続・事業承継対策のツールとして話題になっています。でも，一体どう使うのかがわかりにくいかもしれません。
　第1章では，「信託」に関する基礎知識を解説します。

1.1 信託法の大改正

近年の大改正と新制度の普及

相続・事業承継対策に活用される法制度にはさまざまなものがあります。その中でも，本書では信託の概要と活用事例をご紹介します。

  信託法改正

従来，わが国で「信託」というと，「信託銀行を利用する金融サービス（いわゆる商事信託）」というイメージが強くありました。これは，大正11年に制定された旧信託法が，"制定当時の信託のしくみを悪用したビジネスを取り締まるための取締法規""受益者保護の観点からの強行法規"であり，信託業の免許を持たない者が信託を設計・運営することが難しかったことから，免許を持つ者が営利目的で行う商事信託のみが発展したためと考えられます。

これに対し，平成19年9月30日に施行された新しい信託法では，(a)最近の経済社会の発展に的確に対応した制度となるよう，原則として任意法規とする，(b)受託者の義務や受益者の権利等に関する規定を整備する，(c)多様な信託の利用形態に対応するための新たな諸制度を導入する，などの基本方針に基づく全面改正がなされました。この84年ぶりの大改正によって，営利を目的とせず特定の人から単発的に信託を受託する民事信託が積極的に活用できるようになり，相続・事業承継対策のツールとして注目されています。

  改正直後，すぐには実務に普及しなかった

改正により活用しやすい制度になったものの，改正直後，すぐには税務の実務現場では普及しませんでした。その理由として考えられるのは，信託は財産管理の手法であって，必ずしも節税につながるわけではないということです。特に税に詳しい人ほど，「相続対策」「事業承継対策」といった場合に節税効果がないと対策を講じる意味がないと思いがちで，入口の段階から「対策」のツールから除いてしまっていることがあったように思います。

また,「どのように活用すれば,どのような効果が得られるのか」といった活用法が知られていなかったことも,普及を妨げていた要因の1つではないかと考えられます。

 ## 今後不可欠になる信託の知識

上述のとおり,大改正の直後,すぐには普及しなかった制度ですが,これまでは対策が難しいと思っていたような場面でも,「信託」を利用すれば解決できることがある,という理解が少しずつ浸透しはじめています。相続や事業承継に関する対策を行う上で,これからは信託の知識が必要不可欠になるでしょう。

1.2 信託の概要

信託とは

概　要

　「信託」とは，委託者が一定の目的のために，信託行為（信託契約・遺言・信託宣言）によって信頼できる受託者に対して財産を移転し，その受託者はその信託行為に従って，その移転を受けた財産（信託財産）の管理・処分等をする法律関係をいいます（信法2①～⑤）。そして，その信託財産に係る給付を受ける権利は，受益権を持つ受益者にあります（信法2①）（イメージは，図表1-1参照）。

図表1-1　信託とは

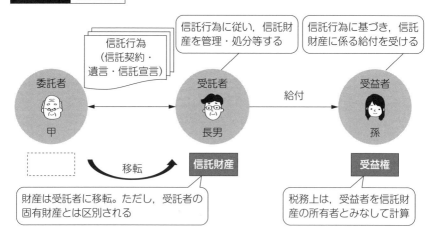

第1章 信託とは

1.3 登場人物
基本的な登場人物・任意で設定できる登場人物

 基本的な登場人物

信託の基本的な登場人物である「委託者」「受託者」「受益者」は，次のような者ということができます。

(1) **委託者（信法2④）**
信託財産のもともとの所有者で，信託を設定する者をいいます。

(2) **受託者（信法2⑤）**
委託者から信頼され財産を託された者で，信託行為の定めに従って，信託の目的の達成のために信託財産の管理・処分等の必要な行為をすべき義務を負う者をいいます（受託者の義務については，第3章3.2参照）。

(3) **受益者（信法2⑥）**
受益権を有し，信託財産から給付を受ける者をいいます（受益権については，ポイント解説①参照）。

 任意で設定できる登場人物

信託では，「委託者」「受託者」「受益者」のほか，任意で次のような登場人物を設定することができます。

(1) **信託監督人（信法131①，132①）**
受益者のために受託者を監視・監督する者をいいます。
例えば，受益者が高齢者や未成年者であるなど，受益者が受託者を監視・監督することが困難な場合等に選任します。

5

(2) 受益者代理人（信法139①）

　受益者のために受益者の権利を行使する者をいいます。受益者代理人が選任されると，その受益者代理人に代理される受益者は，受託者を監督する権利及び信託行為において定めた権利を除き，その権利を行使することができなくなります。

　例えば，複数の受益者が存在する場合において受益者の権利を統一行使したいときや，受益者が重度の知的障害者であったり認知症であったりする場合等に活用します。

(3) 受益者指定権者・受益者変更権者（信法89①）

　受益者を指定又は変更できる権利を持つ者をいいます。

　例えば，委託者である父が亡くなった場合において，当初受益者である長男の素行が悪くなったときは，あらかじめ信託行為で母を受益者変更権者としてあれば，母の権限で受益者を次男に変更することができます（変更時の課税関係については，第3章3.10参照）。

(4) 同意者・指図権者

　受託者が行う信託財産の管理・処分等について，同意・指図をする権利を持つ者をいいます（議決権行使の指図権者については，第2章の事例10参照）。

(5) 信託事務処理者

　信託事務の処理を，受託者から委託された者をいいます。

(6) 信託管理人（信法123①，125①）

　受益者が現に存在しない場合において，受益者のために受益者の権利を行使することができる者をいいます。例えば，受益者がまだ生まれていない子供である場合等に，登場させることができます。

ポイント解説① 受益権,受益債権,受益証券

　「受益権」は受益者が有する権利の総称,「受益債権」は受益者から受託者に対する信託財産の給付に係る債権であり受益権の一部,「受益証券」は受益権を表示する証券のことをいいます(信法2⑦, 185①)。

　受益権に流通性をもたせるため受益証券を発行するケースもありますが,受益証券を発行すると課税関係が変わってしまうこと等から,民事信託の場合には受益証券を発行しないケースがほとんどであると思われます。

図表1-2　受益権,受益債権,受益証券

1.4 信託のポイント
信託の特徴点

民法上の所有者は受託者

信託の設定により，民法上，信託財産の所有権（名義）は受託者に移ります。これにより，受託者は，その権限に基づき信託行為に従って信託財産の管理・処分等を行うことができます（信法2③）。

税務上の所有者は受益者

信託財産から生じる利益は，実質的には受託者ではなく受益者が受けるため，税務上はその実質を重視し，受益者が所有者とみなされます。つまり，受益者が信託財産に属する資産・負債を所有しているものとみなして，信託財産に係る収益・費用は受益者に帰属します（所法13①，法法12①）。

例えば，本章1.1に掲げた図表1-1のケースの場合，財産の実質的な所有者が甲から受益者である孫に変わるため，信託設定に伴って孫が適正対価を支払わなければ，税務上は甲から孫へ贈与があったものとみなされ，孫に贈与税が課税されます（相法9の2①）（効力発生時の課税関係については，第3章3.9参照）。

信託財産は，委託者や受託者の財産とは分別管理される

信託財産のうち，登記や登録をすることができる財産は信託の登記又は登録をすることにより，また，それ以外の財産については外形上区別して管理することにより，委託者や受託者の固有財産とは分別管理されます（第3章の図表3-7参照）。したがって，信託開始後，委託者や受託者が破産するなどしたとしても，基本的に信託財産には影響を与えません（信法2③，25①）。

なお，あえて「基本的に」と書いたのは，登記・登録ができない財産で債権者が信託財産とわからなかった場合や，登記・登録ができる財産でも登記・登録をしていなかった場合には，債権者に差し押さえ等される可能性があるため，実務上は留意が必要です（信法14）。

 信託財産を管理・処分した結果得られた財産も信託財産となる

信託行為において信託財産と定められた財産のほか，信託財産の管理，処分，滅失，損傷その他の事由によって受託者が得た財産も信託財産となります（信法16）。例えば，信託財産が「賃貸不動産」である場合，「その賃貸不動産に係る家賃」や，「その賃貸不動産を譲渡して得た代金」も信託財産です。

 民事信託は商事信託より柔軟な設計・運用が可能

図表1-3のとおり，いわゆる「商事信託」では受託者が信託銀行や信託会社であり，受託者は営業として不特定多数の者から反復継続して信託を引き受けます。受託者には一定の免許が必要であり，信託業法（ポイント解説⑯参照）

図表1-3　民事信託と商事信託

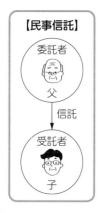
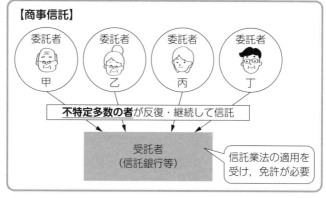

の適用を受けます。

　これに対し，いわゆる「民事信託」（受託者が営業としてではなく引き受ける信託）では商事信託と比べて低コストかつ柔軟な設計・運用をすることができます（商事信託と民事信託の主なメリット・デメリットについては，ポイント解説③参照）。

ポイント解説② 　自益信託と他益信託

　信託の設定により，形式的（対外的）な信託財産の所有者は受託者となります（信法2③，3）。しかし，税務上は実質的に信託財産に係る利益を得ることになる受益者が所有者とみなされます。
　図表1-4のように，委託者と受益者が同じ信託は，自分が利益を受ける信託ということで「自益信託」と呼ばれます。自益信託の場合，信託の設定の前後で実質的な信託財産の所有者は変わりませんので，信託の効力発生時に課税関係は生じません。

図表1-4　自益信託

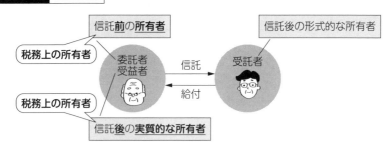

　図表1-5のように，委託者と受益者が異なる信託は，他人が利益を受ける信託ということで「他益信託」と呼ばれます。他益信託の場合，信託の設定の前後で税務上の信託財産の所有者が変わるため，信託設定に際して適正対価の授受がない場合には信託の効力発生時に委託者から受益者に対して贈与（委託者の死亡に基因して信託の効力が生じた場合には，遺贈）があったものとみなされます。また，信託設定に際して適正対価の授受があった場合には委託者から受益者に対して譲渡があったものとみなされます。以下，断りがない限り，本書においては無償による信託設定を前提とします。

図表1-5　他益信託

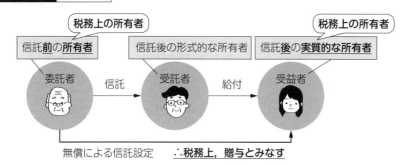

ポイント解説③　商事信託と民事信託の主なメリット・デメリット

　コスト面や，設計・運用の柔軟性を考えれば，一般的には商事信託よりも民事信託のほうが活用しやすいと考えられます。しかし，受託者の候補者として適切な者が身近にいない場合等もあり，そのようなときは商事信託の活用を検討します。

図表1-6　商事信託と民事信託の主なメリット・デメリット

	商事信託	民事信託
メリット	◆民事信託で家族等が受託者となる場合と比べ，その家族等の手間が減る ◆民事信託に比べれば，受託者が不正をする可能性は低いと推定される（公正性・中立性が高い）	◆信託報酬をゼロとすることも可能 ◆信託できる財産や受益者は，法令に反しない限り制限なし ◆変更・解約等について，柔軟な設計が可能
デメリット	◆基本的に，信託報酬がかかる ◆パッケージ化された商品の中からしか信託のスキームを選択できない場合がある ◆信託できる財産や受益者に制限がある場合がある ◆途中で変更・解約をすることができない場合がある	◆信頼でき，かつ事務処理ができる受託者が身近に見つからない場合がある ◆万が一，受託者が不正をした場合には，それを見つけにくい可能性がある ◆受託者となった家族等に負担がかかる

第2章

事例
こんなに使える信託

> 使い方がイメージできません…

> 第2章では,「信託」はどのような場面で活用することができるのか,活用例を会話形式でご紹介します。

事例1　認知症に備えて活用

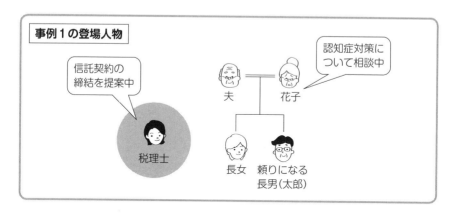

👵 賃貸アパートや金融資産を持っています。最近，物忘れが多くなってきたのですが，もし認知症になったら，自分に不利な契約であっても判断できずに契約をしてしまわないかとか，大事な財産をだまし取られないかとか，心配の種がつきません。

👩 花子さん。それは心配ですね。高齢になると，詐欺にあうリスクも高まりますが，財産をお持ちの花子さんの場合，**認知症を発症して判断能力がなくなると，法律行為ができなくなる**ということへの対策も必要です。

👵 法律行為って何ですか？

👩 法律行為とは，具体的には次のような行為をいいます。

> （法律行為とは…）
> 契約の締結　／　議決権の行使　／　遺産分割協議への参加　／
> 贈与　／　預金の引き出しの依頼　等

　家族と日常生活を送る分にはそれほど不便はないと思われるかもしれませんが，**財産管理という面では数々の支障が生じます**。

第2章 事例 こんなに使える信託

そういえば，近所の田中さんは，認知症になったので，遺産分割協議に参加するために成年後見制度のうち「成年後見」を利用して，甥っ子が成年後見人になったと聞きました。でも，田中さんのお嬢さんは，成年後見はいろいろ面倒だともいっていました。どういうことなのでしょうか？

認知症になると法律行為ができなくなるということで，それを補うため，成年後見を利用することがあります。成年後見とは，判断能力がない方（成年被後見人）のために，家庭裁判所が選任した成年後見人が，成年被後見人を代理して法律行為等をすることにより，成年被後見人を保護・支援するという制度です。そして，**この成年後見の目的は「成年被後見人の財産の保護」**ですので，**成年被後見人の利益になることしかできません**。田中さんのお嬢さんがおっしゃった「面倒だ」というのはそのことでしょう。

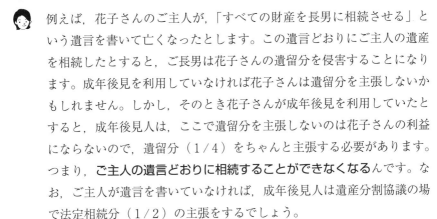
成年後見を利用すると，例えばどんなことができなくなりますか？

例えば，花子さんのご主人が，「すべての財産を長男に相続させる」という遺言を書いて亡くなったとします。この遺言どおりにご主人の遺産を相続したとすると，ご長男は花子さんの遺留分を侵害することになります。成年後見を利用していなければ花子さんは遺留分を主張しないかもしれません。しかし，そのとき花子さんが成年後見を利用していたとすると，成年後見人は，ここで遺留分を主張しないのは花子さんの利益にならないので，遺留分（1/4）をちゃんと主張する必要があります。つまり，**ご主人の遺言どおりに相続することができなくなる**んです。なお，ご主人が遺言を書いていなければ，成年後見人は遺産分割協議の場で法定相続分（1/2）の主張をするでしょう。

なるほど。そういえば，不動産屋さんから，私が所有している土地に相続対策としてもう1棟，賃貸アパートを建築してはどうかとご提案をいただきました。この建築請負契約等は成年後見人にしてもらえますか？

15

👩 花子さん。残念ながら，**成年後見を利用した後に相続対策はできません。**賃貸アパートを建てるのが相続対策になるのは，花子さんの財産が財産評価上圧縮されるからでしたよね。アパート経営にはリスクも伴います。成年後見の制度上，財産を減らすことや，財産の運用であっても財産をリスクにさらすことは，花子さんの利益にならないと判断されるので，成年後見を利用した後に新たな投資はできません。

👵 そうなんですか。じゃあ，孫が大学に合格したら100万円あげたいと思っていますが，さすがにこれは家族に頼んでおけば大丈夫ですよね？ これも私の利益にならないからダメでしょうか？ あげたとしてもわからないのではないですか？

👩 残念ながら，これもできないのです。**成年後見を利用した後はお孫さんに入学祝いやお小づかいをあげることもできません。**成年後見を利用する場合，毎年1回家庭裁判所に財産額や，財産を何に使ったかを報告する必要があります。成年後見では，花子さん以外のために花子さんの財産を使うことは許されません。

👵 投資もできない，孫にお小づかいもあげられない…楽しみもなさそうなので，もし認知症になったら私は成年後見人に自宅を売ってもらって，豪華な老人ホームを探してもらって，優雅に暮らしましょうかね。

👩 大変申し上げにくいのですが…自宅を売って老人ホームの入所資金を捻出したい場合にも，厳格な家庭裁判所の許可が必要となります。**豪華な老人ホームに入ることはまず難しい**と考えられます。花子さんの財産を必要以上に減らしてしまう可能性があると，家庭裁判所は認めてくれないというのが，成年後見なんです。

👵 財産を守ってもらえるのはありがたいですが，成年後見を利用すると融通がきかなくなってしまうのですね。認知症にならないというのが一番なのでしょうが，もしものときに備えて，今から対策できることはありますか？

😊 もちろんです。「信託」という言葉をお聞きになったことはありますか？

👵 信託銀行に財産を預ける「信託」ですか？ たしか，信託銀行への手数料の支払いが必要ですよね。

😊 信託銀行に預ける「信託」もありますが，**近年の信託法の改正によって，家族間での信託がしやすくなりました**。家族間なので，もちろん**手数料なしでもできます**。信頼できるご家族はいらっしゃいますか？

👵 長男の太郎が頼りになります。成年後見を利用するなら，太郎に成年後見人になってほしいと思っていたくらいです。信託はどうすればできますか？

😊 例えば，花子さんが太郎さんと図表2-1のような信託契約を締結します。

図表2-1　信託のしくみ

委託者	花子
受託者	太郎
受益者	花子
信託財産	賃貸マンション等
信託終了事由・残余財産の帰属権利者	花子の死亡により終了し，残余財産は太郎に帰属する

😊 このような信託契約を締結することで，信託された財産（信託財産）の民法上の所有者は受託者である太郎さんとなります。したがって，信託後，**信託財産に係る契約は受託者である太郎さんが行うことになります**。つまり，**信託契約後に花子さんが認知症になったとしても，財産管理に支障はでません**。花子さんの判断能力がしっかりしているうちに，ある程度想定できる状況に対して花子さんの意思を反映できるように，財産の管理・処分方法を盛り込んだ信託契約を締結しておけばいいのです。例えば，図表2-2のケースです。賃貸マンションを信託した場合，そ

の賃貸マンションの管理・処分は受託者である太郎さんがしますが，受益者を花子さんとしておくことで，花子さんは生活費に充てるための賃料収入を受け取るしくみをつくることができます。

図表2-2 認知症に備えて活用

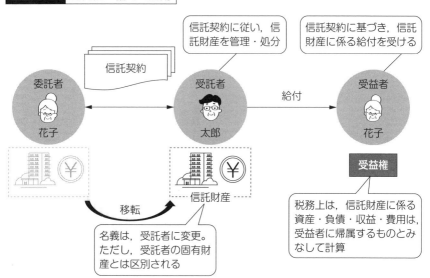

🧓 信託財産の所有者が受託者の太郎になるということは，太郎に財産を贈与するということにならないのですか？ 贈与になると，贈与税がかかりませんか？

👩 ここが信託の1つのポイントですが，信託財産は，民法上は受託者の太郎さんが所有者となりますが，税務上は受益者である花子さんが所有者とみなされます。**信託前と信託後で，税務上の所有者は変わらないので**，税務上は贈与とはみなされず，**信託の効力発生時に課税関係は生じません**。

🧓 なるほど。でも，太郎が所有者になるということは，太郎がもし破産したら，私が信託している財産も差し押さえられませんか？

その点も大丈夫です。これも信託の特徴ですが，**信託財産は，受託者名義となるものの，受託者の固有財産とは区別して管理**されます。したがって，**信託後に受託者が破産する等したとしても信託財産に影響はありません**。例えば，信託財産が不動産である場合には，受託者の固有財産である不動産とは区別するために，信託財産である旨とその信託目録が登記されます（ポイント解説⑮参照）。

信託財産の登記がされるのは安心ですね。太郎を信用してはいますが，信託では私が認知症になった後，誰かが太郎を監督するようなしくみはつくれますか？ それができたら，より安心です。

受託者を監督する役割として，信託契約に「信託監督人」を定めておくこともできます。例えば長女を信託監督人としておけばいいでしょう。とはいえ，受託者が太郎さん個人である場合には，受託者である太郎さんが花子さんよりも先に亡くなる可能性もありますので，太郎さんに万が一のことがあった場合の次の受託者をあらかじめ定めておいたり，**受託者を同族会社や親族が運営する一般社団法人として，親族がその取締役や理事になることにより財産を管理したりするというのも方法の１つです。「信じて託す」という言葉どおり，信託は，信じられる適切な受託者がいる場合に，最大の効果を発揮できる制度**なんです。

さっそく太郎に受託者になってくれないか聞いてみます。

はい。超高齢社会を迎えたわが国においては，「将来，認知症になった場合に備えて，元気なうちに信託の活用を検討する」ということが，当たり前となる時代がくるかもしれませんね。

ポイント解説④　遺留分侵害額の請求

　遺留分とは，亡くなった人（被相続人）の兄弟姉妹以外の相続人（配偶者や子供など）に保障された，遺産について最低限留保されなければならない割合のことをいいます。例えば，甲には，配偶者と長男・長女がいたとします。この場合に甲が，長男にすべての財産を遺言によりわたす（遺贈した）場合，配偶者はその遺言に納得したとしても，長女が納得しなければ，長女は長男に対してその財産額の1/8（遺留分割合1/2×長女の法定相続分1/4）について遺留分の減殺請求（新民法では「遺留分侵害額の請求」という）をし，甲の財産を取り戻すことができます（遺留分侵害額の計算イメージは，図表2-3参照）。

　遺留分については，次の民法改正が予定されています。

1．遺留分減殺請求権の見直し【抜本的改正】

改正前

　通説・判例上，遺留分の減殺請求がされると，遺留分権利者は物権的請求権を持つ（各財産に対する遺贈や贈与は遺留分を侵害する限度で失効し，受遺者又は受贈者（以下，「受遺者等」）が取得した権利はその限度で当然に遺留分権利者との共有になる）こととなり，遺留分を侵害しているとされた受遺者等においては，預貯金の引き出し・不動産の処分・非上場株式の承継等の場面で不便が生じることがありました。

改正後

　遺留分侵害額の請求があった場合には，物権的請求権ではなく，その金額に相当する金銭債権が生じることになり，金銭で解決することになります（新民法1046①）。また，遺留分権利者から金銭の支払請求を受けた受遺者等が，金銭を直ちに準備できない場合には，その受遺者等は，裁判所に対し，金銭債務の支払いにつき期限の許与を求めることができるようになります（新民法1047⑤）。

2．遺留分の算定方法の見直し【改正】

改正前

　基本的に，相続人に対する居住用不動産の購入資金・居住用不動産・事業用資金・結納金・結婚の持参金等の贈与（以下，「生計の資本等の贈与」）については，期間制限なく，すべてが遺留分算定基礎財産の価額に算入されます。

改正後

　相続人に対する生計の資本等の贈与のうち，遺留分の算定基礎財産の価額に算入されるのは，原則として，相続開始前10年以内のものに限られることになります（新民法1044③）。

3．施行期日

上記1，2の改正は，2019年7月1日から施行されます。なお，施行日前に開始した相続については，改正前の民法の規定が適用されます（附則2）。

図表2-3　遺留分侵害額の計算イメージ

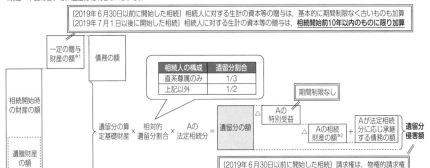

ポイント解説⑤　超高齢社会と認知症

わが国は，人口の約28％が65歳以上という超高齢社会を迎えています（総務省「人口推計」平成30年6月）。そして，65歳以上の人口のうち認知症を発症している方の割合は，2012年は約7人に1人（正常と認知症の中間状態である予備群まで含めると4人に1人）でしたが，2025年には約5人に1人（全人口の約5〜6％が認知症）になると見込まれています（内閣府「平成29年版高齢社会白書」）。

また，別の統計では，平成22年現在，85歳以上の約4人に1人が認知症とされていますが，この割合は年々増え続け，25年間で1.8倍の約445万人に増えると予想されています（栗田主一ほか「平成19年度厚生労働科学研究費補助金研究分担報告書．2008」）。

ポイント解説⑥　成年後見制度

　認知症，知的障害，精神障害等により判断能力が不十分である場合には，次のような法律行為をする必要があっても，自分でこれらのことをするのが難しい場合や，自分に不利益な契約であってもよく判断ができずに契約を結んでしまうおそれがあります。このような判断能力が不十分な人を保護し，支援するのが成年後見制度です。

① 不動産や預貯金等の財産管理
② 介護サービスの利用や介護施設への入所のための契約
③ 病院の入院手続
④ 遺産分割協議への参加

　成年後見制度には，大きく分けると，「法定後見制度」と「任意後見制度」とがあります。法定後見制度は，すでに判断能力が不十分な人を支援するための制度であり，任意後見制度は，今は判断能力が十分にある人が，将来，判断能力が不十分になったときのために備える制度です（図表2−4参照）。

　また，法定後見制度には「成年後見」「保佐」「補助」が，任意後見制度には「即効型」「移行型」「将来型」があり，判断能力や財産管理に対する不安の程度等により使い分けがされています。実際の利用件数は，法定後見制度の場合は「成年後見」が約8割と多く，任意後見制度の場合は「移行型」の利用が多いようです。

　法定後見制度（成年後見）と任意後見制度（移行型）の利用開始に係るイメージ図は図表2−5のとおりです。法定後見制度（成年後見）は，4親等内の親族等が家庭裁判所に申立てをして成年後見人が選任されることにより効力が発生します。任意後見制度（移行型）は，あらかじめ公正証書により本人が任意後見人の受任者（任意後見受任者）との間で任意後見契約，そして必要に応じて見守り契約や財産管理

図表2−4　成年後見制度の体系図

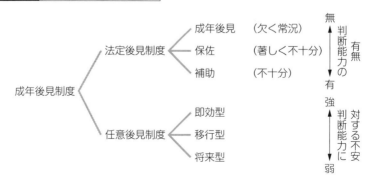

に関する委任契約等を締結し、将来判断能力が低下した際に、4親等内の親族等が家庭裁判所に申立てをして任意後見監督人が選任されることにより効力が発生します。

成年後見人や任意後見人の仕事には、大きく分けて、「身上監護」と「財産管理」とがあります。身上監護とは、介護サービスの利用や介護施設への入所のため契約を締結したり、病院の入院手続をしたりといった、成年被後見人の生活・治療・療養・介護等に関する法律行為を行うことをいいます。財産管理については、信託の活用により信託の受託者がすることもできますので、成年後見制度と信託とを組み合わせることで、成年後見人や任意後見人の財産管理の負担を軽減させることが期待できます。なお、成年後見人又は任意後見人と信託の受託者とが同一の者となる可能性がある場合には、個別の状況により利益相反関係になることが想定されないか検討し、想定される場合には同一の者となっても構わないような工夫をしてから実行する必要があると考えます。

図表2-5　法定後見制度（成年後見）と任意後見制度（移行型）の利用開始に係るイメージ図

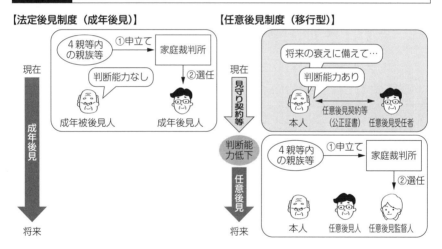

ポイント解説⑦　成年後見との違い

前述のとおり、成年後見制度には、法定後見制度と任意後見制度があり、さらに法定後見制度には「成年後見」「保佐」「補助」があります。

このうち「成年後見」と「信託」との主な違いは図表2-6のとおりです。

図表2-6 成年後見と信託

	成年後見	信 託
根拠法	民法	信託法
概要	判断能力がない者（成年被後見人）のために，家庭裁判所が選任した成年後見人が，成年被後見人を代理して法律行為等をすることで，成年被後見人を保護・支援する制度	委託者が一定の目的のために，信頼できる受託者に対して財産を移転し，その受託者は信託行為に従って，その移転を受けた財産の管理・処分等をする法律関係
手続	本人，配偶者，4親等内の親族等による審判申立	委託者による信託行為の作成（第3章3.1参照）
財産管理者	家庭裁判所によって選ばれた成年後見人	信託行為において定めた受託者
財産管理者の権限	財産に関する法律行為についての代理権	信託法及び信託行為において定める財産の管理・処分等
財産管理者を監督する者	家庭裁判所，成年後見監督人（必要な場合）	委託者，受益者，信託監督人（定めた場合），受益者代理人（定めた場合）
財産の所有者	成年被後見人	受託者
効力発生時点	成年後見人等が審判書を受領してから2週間後	信託行為の効力が発生したとき（第3章3.1参照）
報告先	成年後見人が，定期的に（年1回）家庭裁判所に報告	受託者は，原則として，年1回，財産状況開示資料を受益者に報告（第3章3.8参照）し，一定の場合は毎年1月31日までに信託の計算書を税務署に提出（第3章3.13参照）
報酬	家庭裁判所が，成年後見人及び成年被後見人の資力・管理財産額等に応じて決定。月額2～6万円程度	受託者に対して報酬を支払うかどうかはあらかじめ定めておく（ポイント解説⑰参照）。支払わないことも可能。ただし受託者が法人の場合には，支払わないと，受託者において，益金課税及び寄附金課税が考えられる
相続があったとき	成年被後見人が死亡したときは，後見は終了。成年被後見人の相続人等が，成年被後見人の遺言，又は遺産分割協議により財産を取得	受益者が死亡したときは，信託行為により指定されている次の受益者や残余財産の帰属者が，受益権や残余財産を取得（第3章3.6参照）

第2章 事例 こんなに使える信託

事例2　認知症に備えて任意後見制度とセットで活用

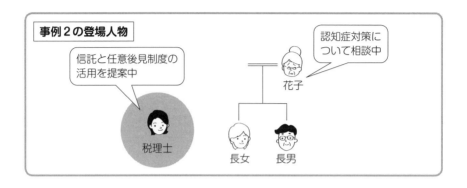

🧓 近所の田中さんが認知症になって「成年後見制度」を利用していると聞きました。私自身，今は頭はしっかりして体もピンピンしていますが，それでも歳とともに財産管理は面倒になってきましたし，将来の判断能力の衰えは心配なので，私も成年後見制度で備えたいと考えています。

👩 成年後見制度には，大きく分けて「法定後見制度」と「任意後見制度」とがあります。このうち，「法定後見制度」は田中さんのように判断能力が衰えてから利用するものです。花子さんのように**今はまだ判断能力があるものの将来のことが心配な方は「任意後見制度」を利用することができます。**サポートをする人を任意後見人といいますが，任意後見人の仕事には，大きく分けて「財産管理」と「身上監護」とがあります。「**任意後見制度」の場合には，誰にどのようなサポートをお願いするのかということを花子さんご自身で決めておくことができる**んですよ。

🧓 任意後見制度を活用したい場合はどうすればいいですか？

👩 **あらかじめ花子さんと任意後見人となる方との間で，公正証書により任意後見契約を締結**しておきます。なお，いつから任意後見契約をスタートさせるかの判断等のために，「見守り契約」を同時に締結する場合も

あります。そして，将来，花子さんの判断能力が不十分となったときに，お子さん等が家庭裁判所に申立てをして，任意後見契約の効力を発生させます。

見守り契約によって，健康状態や生活状況をチェックしてくださいとお願いしておけるんですね。そういえば，先ほどおっしゃった，「シンジョウカンゴ」って何ですか？

「身上監護」というのは，例えば介護サービスの利用や介護施設への入所のための契約，病院の入院手続等，生活・治療・療養・介護等に関する法律行為を行うことをいいます。

なるほど。うちは，長女が近くに住んでいて，普段から病院の付き添いをしてくれるので，身上監護は長女にお願いしたいです。財産管理は判断能力の衰えとともに詐欺被害にあわないかという不安もあるので，今すぐにでも長男に相談したいと思っていたところです。長男は財産の管理や運用が得意なんです。

それでは，図表2－7のように，信託と任意後見制度とをセットで使ってはどうでしょうか？　財産管理については，図表2－8のような信託契約を締結して基本的にはご長男に任せて，身上監護については任意後見制度を活用してご長女にお願いするという方法です。任意後見契約の効力発生後，任意後見人は家庭裁判所が選任した任意後見監督人の監督下に置かれることになりますので，すべての財産管理について任意後見人に任せるとなると，事例1でご紹介したのと同じような制約が出てきます。任意後見制度だけでなく，信託を組み合わせて活用することで，財産管理も身上監護も花子さんのご希望に沿った柔軟な対策を検討できると思いますよ。

課税関係はどうなりますか？

課税関係については，事例1と同様です。すなわち，信託前と信託後で，財産の税務上の所有者は花子さんのまま変わらないので，基本的に信託

の効力発生時に課税関係は生じません。

ありがとうございます。さっそく長男と長女に相談してみます。

図表2-7　認知症に備えて任意後見制度とセットで活用

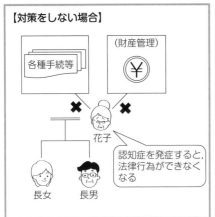
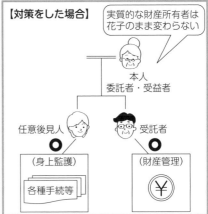

図表2-8　信託のしくみ

委託者	花子
受託者	長男
受益者	花子
信託財産	金銭
信託終了事由・残余財産の帰属権利者	花子の死亡により終了し，残余財産は長男と長女に均等の割合で帰属する

事例3　遺言代わりに活用

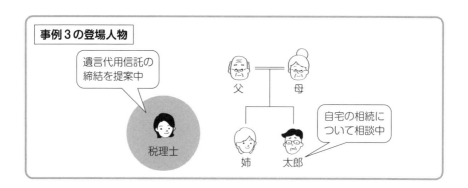

先日，父・母・姉・私の4人で家族会議をしました。高齢の父が所有する自宅を誰が相続するかということと，両親の老後の面倒は誰がみるかということを話し合いました。その結果，私が両親と同居して面倒をみる代わりに，自宅を相続するということになりました。しかし，姉がちゃんと約束を守ってくれるかどうか心配です。

お父さんは遺言を作成していますか？

いいえ。作成していません。でも，私から父に遺言を書いてほしいとも言い出しにくいです。友人の田中君は，お父さんに遺言を書いてほしいと言い出したところ「俺が死ぬのを待っているのか‼」と怒鳴られて，それ以来，親子関係がぎくしゃくしているようです。ここは姉を信じるほかありませんが，父が認知症になったときに，姉や姉の夫が父にうまいことをいって，姉夫婦にとって都合のよい遺言を書かせないかも心配です。姉はいつも父にうまく取り入って多額の援助を受けてきた事実がありますから。父を嫌な気持ちにさせず，姉弟間で無用なトラブルを起こさず，私も安心できるようないい方法はないですか？

「信託」を活用するという方法があります。**信託に遺言の代用としての**

機能をもたせる使い方もできるんです。いわゆる「**遺言代用信託**」です。通常の遺言であれば自分の死亡時の財産を誰に相続させるかということを遺言書に書きます。一方，遺言代用信託の場合は，**信託契約において，自分の死亡後の受益者や残余財産の帰属権利者を定めておきます**。太郎さんの場合，図表2-9のような信託契約をお父さんと締結してみてはどうでしょう？　「遺言を書いて」と頼むのはかなり心理的なハードルが高いですが，「信託契約を結ばない？」と提案するのは，それと比べてハードルが下がると思いますよ。

図表2-9　信託のしくみ

委託者	父
受託者	太郎
受益者	父
信託財産	自宅
信託終了事由・残余財産の帰属権利者	父の死亡により終了し，残余財産は太郎に帰属する

　父が亡くなったら，信託は終了して，残余財産は私に帰属するのですね。

　はい。これにより，**お父さんが太郎さんに自宅を相続させるという内容の遺言を書いたのと同じ効果**が生まれます。

　課税関係はどうなりますか？

　図表2-10のように，お父さんがご存命中の受益者はお父さんであり，自益信託ですので，税務上はお父さんが引き続き自宅を所有していることになるため，**信託の効力発生時に課税関係は生じません**。その後，お父さんの死亡により，太郎さんが残余財産の帰属権利者となるので，相続税法上，**太郎さんがお父さんからの遺贈により自宅を取得したものとみなされます**。遺贈によって，被相続人であるお父さんの居住の用に供されていた宅地を同居している太郎さんが取得するため，**相続税の小規模宅地等の特例の対象にもなります**。なお，お姉さんの遺留分につい

ては，別途遺言等で検討しましょう。

ありがとうございます。さっそく，父に提案してみます。これなら姉弟間で無用なトラブルを起こすリスクも小さくなり，安心して同居にふみきれそうです。

図表2-10　遺言代わりに活用

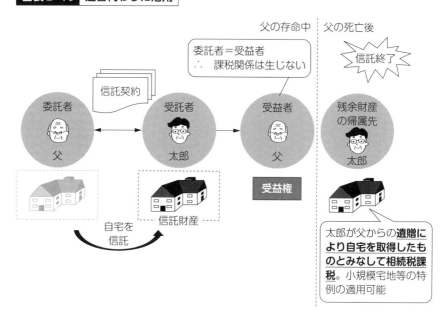

ポイント解説⑧　小規模宅地等の特例

　相続又は遺贈により取得した財産の中に，被相続人又は被相続人と生計を一にする親族の居住用，事業用，貸付用又は同族会社の事業用に供されていた宅地等で建物・構築物の敷地の用に供されていたものがある場合において，一定要件を満たすときは，一定面積までは一定の減額割合を乗じて計算した金額をその宅地等の本来の評価額から減額することができます。これを「小規模宅地等の特例」といいます（措法69の4）。主な要件等は図表2-11のとおりです。

図表2-11 小規模宅地等の特例

区分	主な要件				限度面積	減額割合
	取得者・相続開始時の用途等	保有継続要件	事業・居住継続要件	その他		
居住用 (特定居住用宅地等)	配偶者が取得	－	－	－	330m²	80%
	同居親族が取得	○	○	－		
	配偶者・同居親族がいない場合で，別居親族が取得	○	－	3年以内に3親等内の親族等が所有する家屋に居住したことがないこと等		
	生計一親族の居住用を生計一親族が取得	○	○	－		
事業用 (特定事業用宅地等)	被相続人の事業用	○	○	事業を承継していること	400m²	80%
	生計一親族の事業用	○	○	－		
同族会社の事業用 (特定同族会社事業用宅地等)	被相続人等の支配する同族会社の事業用	○	○	相続した親族が申告期限に役員であること	400m²	80%
貸付用 (貸付事業用宅地等)	被相続人の貸付事業用	○	○	事業を承継していること。ただし，3年以内に新たに貸付事業の用に供された一定の宅地等を除く	200m²	50%
	生計一親族の貸付事業用	○	○	3年以内に新たに貸付事業の用に供された一定の宅地等を除く		

※ 上表中，○印は要件があることを意味します。
※ 特例の適用を受けられる土地を複数所有している場合には，評価減の額が最も大きくなるように，どの土地を選択するか等の検討が必要になります。

事例4　夫婦2人分の遺言として活用

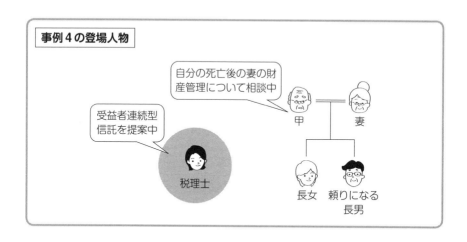

　私の妻はずっと専業主婦をしてきました。妻の老後の生活資金のことも考えて，私の財産はいったんすべてを妻に相続させるという遺言を書き，妻にも同時に遺言を書いてもらおうと思っています。妻の財産は長男と長女に2分の1ずつ相続させるというものです。これには子供たちも理解してくれているので，私が死亡したときに子供たちから妻へ遺留分侵害額の請求がされるという心配はなさそうです。しかし，私の死亡後に妻が財産管理をできるかどうか，詐欺にあったり他の親族に財産をだまし取られたりしないか心配です。また，せっかく二次相続まで考えて私と同時につくった遺言についても，私の死亡後に子供たちが妻の遺言を書き換えさせてしまわないかも心配です。例えば，妻には遺言をつくらせずに，私の遺言の中で，妻に相続させる財産の管理を長男にしてほしいと書いたり，妻の次の財産承継者を決めておいたりすることはできますか？

　普通の遺言では，自分の財産を誰に相続させるかということは書けますが，その財産の管理者を指定したり，奥様の次の財産承継者を定めたり

第2章 事例 こんなに使える信託

したとしても効力はありません。

そうですか。遺言以外に何かいい方法はないでしょうか？

「信託」という言葉をお聞きになったことはありますか？

最近，ときどき新聞でみかける言葉ですね。でも，私には関係がないと思って，あまり気にかけていませんでした。もしかして，その「信託」を使えば，私の悩みが解決するのですか？

はい。**信頼できる受託者がいるという前提条件**がありますが，**信託を遺言代わりに使うことができ**，しかも甲さんが最初におっしゃった不安も解消することができます。

それはすごいです。うちは長男が信頼できるので，信託を使うことができそうです。どのようなしくみにするのですか？

例えば，甲さんの財産がA社株式100株のみだとしますと，そのA社株式100株を信託財産として，図表2-12のようなしくみの信託契約を締結します。

図表2-12 信託のしくみ

委託者	甲
受託者	長男
受益者	甲，甲の死亡後は妻
信託財産	A社株式100株
信託終了事由・残余財産の帰属権利者	妻の死亡により終了し，残余財産は長男と長女に均等の割合で帰属する

甲さんのご存命中の受益者は甲さんであり，自益信託ですので，税務上は甲さんが引き続きA社株式100株を保有していることになるため，**信託の効力発生時に課税関係は生じません**。そして，**甲さんの死亡後**，受益者は奥様となるので，**信託財産であるA社株式は実質的に奥様のも**

33

のとなります。信託財産を奥様の生活費に充てる旨を信託契約に書いておくことで，A社株式の配当金やA社株式の売却代金を奥様の生活費に充てることができます。先ほど，奥様が財産管理をできるかどうか，財産をだまし取られないか心配とおっしゃっていましたが，受託者を長男とすることで，**株式の名義は受託者である長男となり，管理・処分は長男がする**ことになります。奥様名義ではないことから，先ほどの心配はなくなります。また，お子さんたちが奥様の遺言を書き換えさせてしまわないかも心配とおっしゃっていましたが，このように信託契約により甲さんの次の受益者を奥様とし，奥様が亡くなった場合には信託を終了させ，残余財産の帰属権利者を長男・長女とするということまで定めておけば，**実質的に甲さんが甲さんと奥様との2人分の遺言をつくったのと同じ効果**を得られます。そして，**信託契約の変更ができないように信託契約に定めておけば，甲さんが亡くなった後も，信託行為を書き換えられることはありません。**また，受託者は図表2-12ではご長男としていますが，甲さんが社長である会社や，甲さんが社員・理事をされている**一般社団法人としてもいいです**ね。

ご参考までですが，家族で運営しているような一般社団法人については，平成30年度税制改正により，一定の理事が死亡した場合にその一般社団法人に相続税が課税されることになりました。ただし，信託の受託者として預っている資産・負債については，この課税の対象外となります。詳しくは第5章5.8をみてくださいね。

ありがとうございます。妻は遺言をつくるということに抵抗があるようでしたので，私が信託を活用することによって2人分の遺言の効果が生まれるのなら，これに越したことはありません。

第2章 事例 こんなに使える信託

事例5　孫への将来のプレゼントとして活用

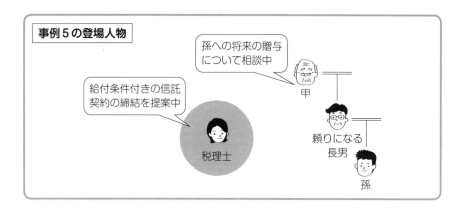

😟 中学生の孫が家業を継ぐといってくれています。そんな孫に対して，もし自分が認知症になったり，死亡したりしたとしても，孫の人生のイベントに応じて，お金を渡したいと思っています。そのような渡し方は可能ですか？

🧑‍💼 信託を使わない場合，甲さんが認知症になってしまうと，お孫さんへの合法的な贈与は難しいです。また，遺言によって財産を遺贈することはできますが，亡くなったときに一括で遺贈することはできても，亡くなった後のお孫さんの人生のイベントに応じて渡すということはできません。しかし，信託を使えば，甲さんの願いをかなえることができますよ。

😊 それはありがたいです。一括でお金を渡すよりも，イベントごとに渡すことによって私の気持ちを伝えたいですし，無駄づかい防止にもなると思うので，ぜひ利用したいです。どのようにすればいいか教えてください。

🧑‍💼 図表2-13のような信託を設定します。

図表2-13　信託のしくみ

委託者	甲
受託者	甲の長男
受益者	甲，甲の死亡後は孫
信託財産	金銭250万円
信託財産の給付等	受託者は以下のタイミングで信託財産の中から孫に金銭を給付する ● 高校入学，大学入学，就職…50万円 ● 結婚…100万円
信託終了事由・残余財産の帰属権利者	孫が30歳になったとき終了し，残余財産は孫に帰属する。ただし，孫がその時点で家業を継いでいなければ，残余財産は長男に帰属する

　私が生きている間に何か課税は発生しますか？

　図表2-14のように，甲さんがご存命中の受益者は甲さんであり，自益信託ですので，**信託の効力発生時に課税関係は生じません**。預金利息は受益者である甲さんの所得です。また，お孫さんが受け取る金額についても，贈与税の基礎控除額（年110万円）の範囲内であれば，課税関係は生じません。

　私の死亡時や，死亡後の財産の給付時の課税はどうなりますか？

　図表2-15のように，**甲さんの死亡時に，お孫さんは，信託財産である金銭を遺贈されたと考えて，相続税が課税されます**。お孫さんへの遺贈ということで相続税額の2割加算の対象にもなります。ただし，これにより，信託財産の税務上の所有者はお孫さんになりますので，その後，信託財産からお孫さんが給付を受ける際は，課税関係は生じません。また，受託者は図表2-13ではご長男としていますが，甲さんが社長である会社や，甲さんが社員・理事をされている一般社団法人としてもいいですね。

ありがとうございました。私が死亡した後に孫がお金を受け取って，びっくりしつつも喜んでくれる顔を想像するだけで幸せな気持ちになります。

図表2-14　孫への将来のプレゼントとして活用（甲の存命中）

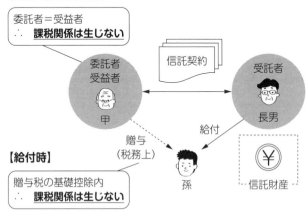

図表2-15　孫への将来のプレゼントとして活用（甲の死亡後）

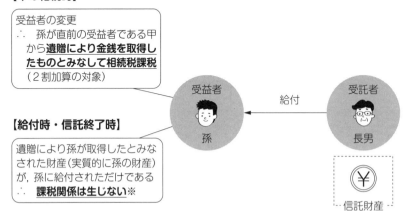

※　孫が30歳になったときに家業を継いでおらず長男に残余財産が帰属する場合には，信託終了直前の受益者である孫から残余財産の帰属権利者である長男に対して残余財産の贈与があったものとみなして，長男に贈与税課税。

ポイント解説⑨　相続税額の2割加算

　相続，遺贈又は相続時精算課税に係る贈与により財産を取得した者が被相続人の1親等の血族（子※・親）や配偶者ではない場合には，その者の算出相続税額にその算出相続税額の2割を加算した金額が納付税額とされます。つまり，相続税額が1.2倍になります。これを相続税額の2割加算といいます。

　例えば，相続の際に，子が生きているにもかかわらず，子ではなく孫に財産を相続させると，相続税の課税を1回免れることになるため，この制度が設けられています。

　※　子の代襲相続人となった孫は，相続税額の2割加算の対象とはなりません（下図の「孫A」）。また，被相続人の養子は，1親等の法定血族であることから，原則として相続税額の2割加算の対象とはなりませんが，被相続人の孫が被相続人の養子となっている場合には，被相続人の子が相続開始前に死亡したときや相続権を失ったためその孫が代襲して相続人となっているときを除き，相続税額の2割加算の対象になります（下図の「孫B」）。

【相続税額の2割加算の対象となる人】

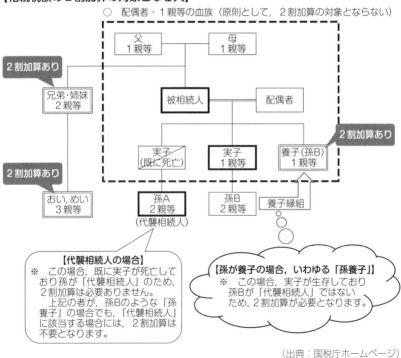

（出典：国税庁ホームページ）

第2章 事例 こんなに使える信託

事例6　高齢者の土地活用のために活用

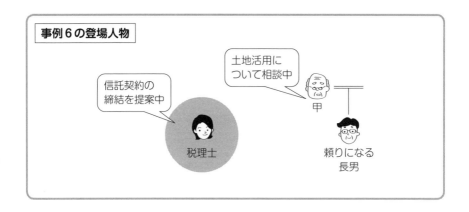

👴 先日，マンション開発業者から，私の所有している3丁目の土地について，マンション用地として開発しないかと提案をいただきました。賃貸マンションとして運用できれば，相続対策にもなるのでありがたい話です。しかし，開発計画が長期になる可能性もあり，その間に私の判断能力が低下して，契約や交渉をすることができなくなるかもしれないと思うと，不安で計画をすすめられません。

👩 そうですね，事例1でも解説したとおり，**認知症等により判断能力がなくなった後は法律行為をすることができません**。それを補うために，成年後見人を選任することがありますが，成年後見は成年被後見人の財産の保護を目的としています。**賃貸マンションを建築するということは，成年後見の考え方からすれば財産の保護にはならない**ので，もし甲さんが何も対策をしないまま認知症になってしまえば，3丁目の計画は頓挫する可能性があります。

👴 これをうまく解決できる方法はありませんか？

👩 図表2-16のような信託を設定することにより，解決できます。

39

図表2-16 信託のしくみ

委託者	甲
受託者	甲の長男
受益者	甲
信託財産	3丁目の土地，金銭5,000万円
信託終了事由・残余財産の帰属権利者	甲の死亡により終了し，残余財産は長男に帰属する

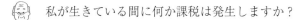

　私が生きている間に何か課税は発生しますか？

　図表2-17のように，甲さんがご存命中の受益者は甲さんであり，自益信託ですので，**信託の効力発生時に課税関係は生じません**。また，受託者の長男が，信託契約に従って，信託財産である3丁目の土地に係る契約や交渉をすすめることになりますので，万が一，途中で甲さんが入院

図表2-17 高齢者の土地活用のために活用

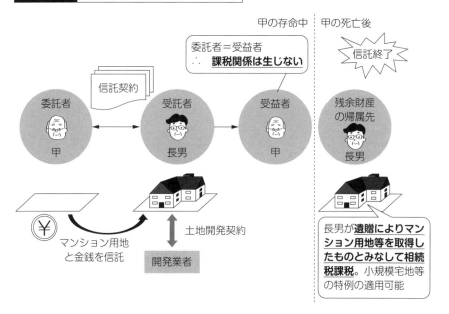

したり，甲さんの判断能力がなくなったりしたとしても，マンション開発をすすめることができます。もちろん，マンション完成後の賃貸借契約も，信託契約に従って受託者である長男が締結します。

😟 私の死亡時の課税はどうなりますか？

👩 甲さんの死亡により**信託は終了**しますが，残余財産となる3丁目の土地とその土地の上の賃貸マンションの帰属先が長男ですので，**実質的に「長男に，賃貸マンションとその敷地，そして信託した金銭の残高を相続させる」という旨の遺言をつくったのと同じ効果が生じます**。したがって，相続税の課税関係としては，長男が遺贈によりそれらを取得したものとして取り扱われます。また，甲さんの死亡時にマンションが賃貸開始から3年を経過し長男がそのまま賃貸事業を引き継げば，**相続税の小規模宅地等の特例の適用を受けることもできます**。

😟 土地開発にあたって信頼できる長男と信託契約を締結すれば，認知症対策にも，遺言代わりにもなるということですね。

👩 はい。信託財産が賃貸不動産である場合の注意点については，事例7も参考にしてください。

事例7　不動産共有相続のトラブル回避策として活用

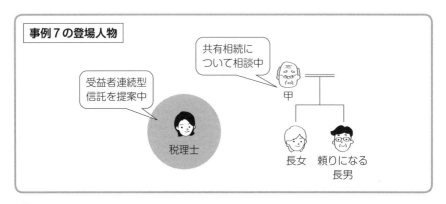

- 🧓 私の財産の大半は5年前に購入した賃貸マンション1棟です。これを2人の子供たちにどのように相続させたらいいか悩んでいます。子供たちには平等に相続させて、賃料収入も2人平等に受け取らせたいと思っていますが、そうなると2分の1ずつ共有で相続させるということになりますか？

- 👩 そうですね。でも、**不動産を共有で相続させるのは避けたほうがいいです**。将来的に大規模修繕が必要になったり、売りどきがきたと思われたりしたときも、2人の意見が一致せずトラブルの原因になる可能性があります。また、お子さんたちが亡くなってお孫さん世代の共有となると、さらに問題は複雑になります。

- 🧓 なるほど。不動産会社に勤務している長男は市況を理解して決断することができますが、長女は主婦をしており保守的な性格なので、たしかに大きな判断をしなければならないときは2人の意見が分かれそうです。それぞれの配偶者の意見も出てくるかもしれませんし。長男にすべての判断を一任させることはできますか？

- 👩 単純な共有であれば、長女の意見も平等に聞かなければなりませんが、

図表2-18のような信託を設定すれば，賃料収入は2人平等で受け取りつつ，管理処分の判断は受託者である長男に一任することができます。なお，甲さんを当初受益者として，甲さんの生前から信託をスタートさせることで，甲さんが入院したり認知症になったりしても，受託者の長男が単独で法律行為をすることができるというメリットもありますよ。

図表2-18　信託のしくみ

委託者	甲
受託者	甲の長男
受益者	甲，甲の死亡後は長男と長女
信託財産	賃貸マンション
信託財産の管理等	信託財産である賃貸マンションに係る賃貸借契約，大規模修繕契約，譲渡契約等の一切の契約締結は受託者の判断で行う
信託終了事由・残余財産の帰属権利者	甲の死亡後，かつ受託者が賃貸マンションを譲渡したときに終了し，残余財産は長男と長女に均等の割合で帰属する

メリットばかりにみえますが，注意点はありますか？

はい。**信託財産が賃貸不動産である場合には，注意点もあります**。所得税法上，「信託財産から生じる不動産所得に係る損失はなかったものとみなす」という規定があります。要は，不動産所得が赤字となった年があったとしても，その赤字を他の所得と損益通算したり，翌年以降に繰り越したりすることができないということです。

なるほど。つまり，赤字となった年の赤字が切り捨てられるというデメリットと，信託を活用しないことによるデメリットとを天秤にかけて，信託するかどうかを判断すればいいということですね。この物件は赤字になるリスクが小さいので，私の場合は信託を選んだほうがよさそうです。その他の課税関係について，教えてください。

図表2-19のように，甲さんがご存命中の受益者は甲さんであり，自益信託ですので，**信託の効力発生時に課税関係は生じません**。甲さんが亡く

なることにより，次の受益者となる長男と長女は，税務上，甲さんから遺贈によって2分の1ずつ賃貸マンション（土地・建物）を取得したものとして取り扱われます。また，すでに賃貸開始から3年経過していますので，相続後も相続税の申告期限まで賃貸を続ければ，マンションの敷地について相続税の小規模宅地等の特例の適用を受けることもできます。

よくわかりました。それから，長男が受託者として不動産管理会社との交渉や長女への家賃の振込をしてくれるわけですが，忙しい長男の手を煩わせてしまうことへの感謝の気持ちとして，心ばかりですが家賃収入の中から長男へ信託報酬を支払うことはできますか？　信託報酬を支払ってしまうと，信託業法に抵触するのでしょうか？

信託業法が適用されるのは不特定多数の者からの信託を予定している場合ですので，甲さんの長男が他の方からも受託しなければ，**信託報酬をもらっても問題ありません**よ。詳細はポイント解説⑰を参照してくださいね。

ありがとうございます。信託を使えば子供たちが余計なもめごとをすることもなさそうなので，安心しました。

図表2-19　不動産共同相続のトラブル回避策として活用

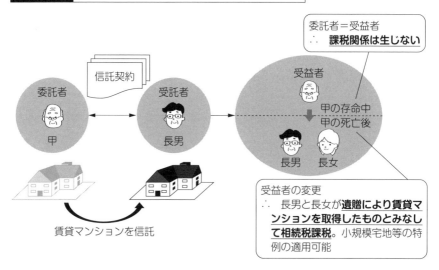

事例8　浪費癖のある子供の無駄づかい防止に活用

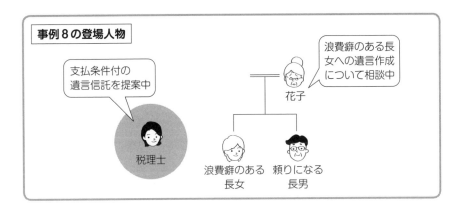

遺言を書きたいのですが，悩みの種は，浪費癖のある長女に財産をどう相続させるかということです。総額1,200万円くらい相続させたいと思っていますが，財産を相続したらあっという間に使い果たしてしまうのではないかという不安があります。それは本意ではないので，例えば長男に全額相続させて，そこから長女に毎月4万円を約25年間にわたって支払ってもらうということはできますか？　長女は兄である長男のいうことには素直に従いますし，長男も協力してくれるといっています。

その方法には，いくつか問題点があります。まず，長女の遺留分を侵害しますので，長女から長男に遺留分侵害額の請求（ポイント解説④参照）がなされる可能性があります。また，その1,200万円を相続するのは長男なので，長男が1,200万円に係る相続税を負担しなければいけません。さらに，長男がちゃんと1,200万円を支払ってくれるという保証はありません。遺言に支払ってほしい旨を記載したとしても法的拘束力はないので，仮に200万円まで支払ったところで長男が亡くなれば，残額1,000万円は長男の相続人のものになります。
仮に，長男への負担付遺贈という方法をとったとしても，長男が破産し

てしまえば、その後の長女への財産給付が困難になるという問題は避けられません。

なるほど。そういったことは避けたいです。何かほかの方法はありますか？

遺言の中に図表2-20のような信託の条項を入れてはどうでしょう？

図表2-20 信託のしくみ

遺言者	花子
受託者	長男
受益者	長女
信託財産	A銀行の普通預金　口座番号XXXX
受益者に対する支払い	受託者は、信託財産から公租公課等の必要経費を控除した上で、毎月末に4万円を受益者に給付する
信託終了事由	次の①又は②のうち、いずれか早いときまで ①　長女の死亡のとき ②　信託財産の残高が零となったとき
残余財産の帰属権利者	上記①により終了したときは、長男に帰属する

遺言の中に信託の条項を入れたものを「遺言信託」といいます。遺言の中に信託に関する条項を入れておくことで、図表2-21のように、**遺言の効力発生とともに、信託の効力も発生**します。そして、**信託財産として指定された普通預金**については、信託の効力発生に際して払い戻し権限のある遺言執行者がA銀行に払い戻し申請をした上で、受託者名義の口座を新設してそこへ資金移動します。これにより、旧口座に預け入れされていた金銭については、新口座の名義人である受託者長男により管理されることとなるので長女は自由に引き出すことができず、無駄づかいを防止することができます。税務上の所有者は受益者である長女なので1,200万円に係る相続税は長女が負担することになります。また、受託者である長男名義であったとしても信託財産は長男の固有財産とは区別して管理されることが求められていますので、受託者である長男がその義務を果たしてさえいれば、信託された財産については、途中で長

第2章 事例 こんなに使える信託

図表2-21 浪費癖のある子供の無駄づかい防止のために活用

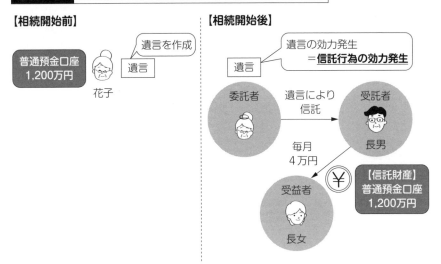

男が死亡したとしても長男の相続財産とはなりませんし，長男が破産したとしても破産財団に属することはありません。

 これなら私の不安が解消されますね。ぜひ，上記の遺言を作成したいです。

 では，まずA銀行で新しい口座を開設し，1,200万円を入金してきてください。遺言の作成はその口座開設後にするとスムーズです。その口座番号を遺言に記載することで信託財産が特定されますので。

 なるほど。わかりました。さっそくA銀行へ行ってきます。

ポイント解説⑩ 遺言信託と遺言代用信託の違い

民事信託では，遺言の中に信託の条項が入っているものを「遺言信託」といいます。これに対して，信託行為を遺言代わりに使っているもの（当初受益者である自分の死亡後の受益者や残余財産の帰属権利者を定めているもの）を「遺言代用信託」といいます。

なお，金融機関の商品である「遺言信託」や「遺言代用信託」と，本書で紹介している民事信託のそれらとは，図表2-22・23のような違いがあります。

47

図表2-22　遺言信託

内容	民事信託	金融機関の商品
概要	遺言の中に信託の条項が入っている	遺言書の作成支援，保管，執行に関するサービス名であり，信託法でいう「信託」とは異なる
対象財産	制限なし	金融機関により異なるが，通常は預貯金・不動産・上場有価証券等で，遺産分割しやすい財産に限られる
受益者	制限なし	— （そもそも信託法上の「信託」ではないため，受益者は存在しない）
信託報酬	0円でもOK	金融機関により異なるが，通常は遺言書の作成報酬，遺言書の保管報酬，遺言執行報酬等が必要となる

図表2-23　遺言代用信託

内容	民事信託	金融機関の商品
概要	信託行為において，委託者が死亡した後の受益権や残余財産の帰属権利者を定めておくことで，遺言と同じ効果をもたらすしくみ	あらかじめ一定の金銭を金融機関へ預けておき，委託者が死亡した時以降に，受益者として指定された家族が一時金や定期金を受け取ることができるしくみ
対象財産	制限なし	通常は金銭に限られる
信託金額	制限なし	通常は上限や下限の定めがある
受益者	制限なし	通常は推定相続人に限られる
信託期間	制限なし	通常は制限がある
中途解約	信託行為の定め次第で，いつでも信託を終了させることが可能	基本的に不可
信託報酬	0円でもOK	基本的に有償

第2章 事例 こんなに使える信託

事例9　先祖代々の土地の円滑な承継のために活用

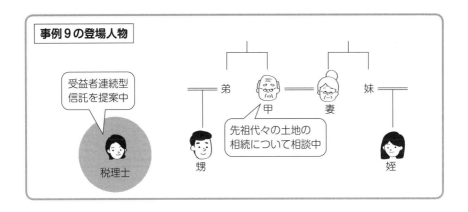

　先祖代々，甲家で承継してきた大切な土地があります。今は駐車場として賃貸していて，安定した収入もあります。妻の老後の生活資金のたしになると思いますので，妻に相続させたいのですが，私たち夫婦には子供がいません。妻が亡くなった後，妻の財産は妻の妹が相続することになるのでしょうが，この土地が妻の家系に承継されるのは私の先祖に申し訳なく思います。私の甥（弟の子）に承継させることはできないでしょうか？

　これまでの相続の常識からすると，「奥様に財産を甲さんの甥に遺贈する旨の遺言を書いてもらってください」という回答になります。しかし，奥様からしたら自分の姪（妹の子）のほうがよく遊びに来てくれてかわいいかもしれません。そうなると，奥様は甲さんがお元気なうちは「甲さんの甥に遺贈する」という遺言を書いておいたとしても，甲さんが亡くなってから「自分の姪に遺贈する」という遺言に書き換えるかもしれません。なんとも不安定ですよね。それが，「信託」を使えば，甲さんの願いをもっと確実にかなえることができます。

　どうすればいいのですか？

49

図表2-24のような信託を設定します。

図表2-24 信託のしくみ

委託者	甲
受託者	甲の甥
受益者	甲，甲の死亡後は甲の妻
信託財産	先祖代々の土地
信託終了事由・残余財産の帰属権利者	甲の妻が死亡したとき終了し，残余財産は甲の甥に帰属する

課税関係はどうなりますか？

甲さんがご存命中の受益者は甲さんであり，自益信託ですので，**信託の効力発生時に課税関係は生じません。甲さんが亡くなることにより**，次の受益者となる奥様がその土地を遺贈によって取得したものとして取り扱われます。すでに賃貸開始から3年経過していますので，相続後も相続税の申告期限まで駐車場の賃貸を続ければ，**相続税の小規模宅地等の特例の適用を受けることもできます。**また，他の相続財産とともに**配偶者の税額軽減の適用を受けることもできます。**

妻が亡くなった場合の課税関係はどうなりますか？

奥様が亡くなったときは，税務上，甲さんの奥様から甲さんの甥に対して遺贈があったものとされます。この場合，甲さんの甥は，甲さんの奥様にとって親族（3親等の姻族）ですので，相続税の申告期限まで駐車場の賃貸を続ければ，**相続税の小規模宅地等の特例の適用を受けることができます。**ただし，甥が取得するということで，相続税額の2割加算（ポイント解説⑨参照）の対象にはなりますので，その点はご理解ください。

2割ぐらい税金が増えたとしても，妻の老後の生活資金のたしになった後，ちゃんと土地が甲家に戻せるのであれば，ありがたいしくみですね。

第2章 事例 こんなに使える信託

事例10　株式の生前贈与に活用

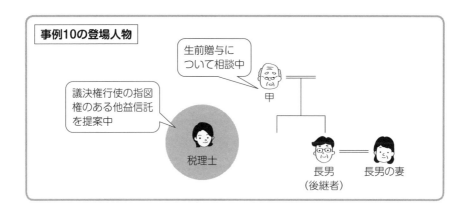

- わが社の業績が回復してきました。今後，株式の評価額も高くなっていくと思うので，評価額が低い今のタイミングで長男に株式を贈与したいと考えています。配当も長男が受け取るということで問題ありません。ただし，議決権だけは引き続き私が行使したいのです。株主総会において重要な議案を否決できる権利をもった種類株式を発行することができると聞きましたが，わが社でも導入することができますか？

- 拒否権付株式，いわゆる黄金株のことですね。もちろん，導入できますよ。

- どのような手続が必要ですか？

- 株主総会を招集して，定款変更の特別決議をします。

- 株主総会ですか…。従業員持株会が株式を5％所有していますが，私の議決権割合の95％だけで特別決議は通りますから，従業員持株会には内緒ですすめられますよね？　身内でごたごたしているかのように思われても嫌なので…。

甲さん。それはできません。従業員持株会にも通知して，株主総会を開催する必要があります。それから，拒否権付株式は議案に対して「ノー」という消極的なものですので，積極的に議決権を行使したい甲さんには向いていないかもしれないですね。仮に発行したとしても，甲さんが亡くなったときに後継者以外の方が拒否権付株式を取得することのないよう遺言を作成したり，甲さんの生前に消却したりするなどの手当ても必要となります。

そうですか。配当を優先的に受け取れる代わりに議決権がない株式も発行できると聞きましたが，従業員持株会が所有している株式や長男に譲る株式をそのような株式とすることについてはどうですか？

配当優先無議決権株式のことですね。その場合も，先ほどと同じ手続が必要です。それから，拒否権付株式や配当優先無議決権株式などのことを「種類株式」といいますが，種類株式の発行について，株主総会で定款変更の特別決議が通って定款を変更した後は，種類株式に関する事項について会社の登記簿謄本に記載することが必要となります。これについては大丈夫ですか？

取引先などが登記簿謄本をとったときに，何かやろうとしているのではないかと変に疑われるのも困りますね。やはり，種類株式の導入はわが社にはハードルが高そうです。でも，普通株式を長男に贈与すると，議決権も一緒に長男に移ってしまいますよね？

「信託」を活用すれば，**株式の経済価値だけを長男に移して，議決権は甲さんが引き続き実質的に行使するというしくみをつくることができます**。これなら，**株主総会の特別決議を経たり，定款変更をしたりすることなく，委託者である甲さんと受託者との契約だけで効力を発生させることができます**よ。甲さんのご家族の中では誰が一番信頼できますか？大切な財産を管理してもらう人ですので，一番しっかりしていて甲さんの思いを理解している人を教えてください。

> 長男の妻が一番しっかりしています。会計事務所に勤務していますので，書類をつくるのも得意です。私もわが子のように思っていますし，ここだけの話，長男よりも私のことを理解してくれているんですよ。離婚の危機もなさそうなので，預けるなら長男の妻がいいです。

> それでは，例えば図表2-25のような信託契約を締結してはどうでしょう。

図表2-25　信託のしくみ

委託者	甲
受託者	長男の妻
受益者	長男
信託財産	A社株式
議決権の行使	甲の指図に従い，受託者が行使する
信託終了事由・残余財産の帰属権利者	甲の死亡により終了し，残余財産は長男に帰属する

> 信託では信託財産に係る管理・処分は基本的にすべて受託者が行います。議決権行使も，信託契約に特に何も定めがなければ受託者が信託目的に従って行使します。しかし，甲さんはご自身が議決権行使をしたいという思いをお持ちですので，議決権行使の指図権は甲さんが持つ，つまり**議決権行使の指図は甲さんがして，その指図に基づいて受託者である長男の妻が信託財産であるA社株式に係る議決権行使をする**というしくみをつくれます。

> 課税関係はどうなりますか？

> 図表2-26のように，委託者と受益者が異なる他益信託の場合，税務上は，**信託の効力発生時に，委託者の甲さんから受益者である長男に受益権の贈与があったものとみなされて贈与税が課税されます**。この場合の受益権の評価額は信託財産であるA社株式の相続税評価とされるため，現

図表 2-26　株式の生前贈与に活用（甲の存命中）

【甲の存命中】

委託者指図権者　甲
議決権行使の指図権
議決権行使の指図
受託者　長男の妻
信託財産　A社株式
受益者　長男

委託者≠受益者
∴ 長男が**贈与によりA社株式（受益権）を取得したものとみなして贈与税課税**

受益権

在の低い評価額での贈与が実現します。

　それはよかったです。私が死亡したときはどうなりますか？

　図表 2-27のように，甲さんの死亡によって信託は終了します。課税関係ですが，信託の効力発生時にA社株式の実質的な所有者は長男になっていて，その際に贈与税が課税されていますので，**甲さんの死亡時には追加の課税は生じません**。

　私が受託者になることもできますか。

　もちろんです。甲さん自身が受託者となる場合には，信託契約ではなく，

図表 2-27　株式の生前贈与に活用（甲の死亡時）

【甲の死亡時】

A社株式は，信託の効力発生時に長男が贈与によって取得したとみなされているので，信託終了によりA社株式の所有権が受託者から長男に移転したとしても**課税関係なし**

長男　信託終了　A社株式

公証役場等で信託宣言をする方法により信託の効力を発生させます。委託者と受託者が同じ，**自己信託という方法**です。

なるほど。もう少し若ければ自己信託で実行したいところですが，私の場合はもう年で認知症になる可能性もあるので，受託者は長男の妻としておいたほうがいいですね。判断能力がしっかりしているうちは私が議決権行使の指図権を持って，認知症になった後はそれを消滅させて，長男の妻に信託契約に従って議決権を行使してもらうという方法で考えてみます。

そうですね。終了事由も1つしか定められないわけではないので，例えば，①甲さんが死亡したとき，②長男が代表取締役に就任したとき，③長男が50歳になったとき，④甲さんと長男が合意したとき，と定め，「いずれか早いとき」とすることもできますよ。

信託というのは，柔軟につくりこむことができるしくみなのですね。

ポイント解説⑪　信託の活用にあたっての着眼点

　民事信託では，それぞれのご家族の事情に合わせたオーダーメイドのスキームを設計することができます。

　信託をしない状態のときは，図表２-28のように，ある財産（A社株式）の所有者（甲）は，その財産に係る利益を享受する権利と，その財産の管理・処分等をする機能を，単独で有しています。

図表２-28　信託前

　この場合に，例えば，A社株式が非上場株式であり，甲がA社の経営者だとします。甲は，今後A社株式の評価額が高くなりそうだと予想しているため，相続税対策として，A社株式の評価額が低い現時点で，後継者である長男に株式の価値（利益を享受する権利）を贈与したいと考えています。しかし，株式を管理・処分等をする機能（議決権行使など）は自分に残しておきたいとも望んでいます。このような場合には，図表２-29のように信託宣言（自己信託）をする方法が考えられます。

　これにより，実質的なA社株式の価値（利益を享受する権利）は受益者である長男に移転しつつ，甲は受託者として株式の管理・処分等をする機能（議決権行使など）を持つことができます。

図表２-29　信託宣言（自己信託）

　また，例えば，甲が株式の価値（利益を享受する権利）は引き続き自分に残して

おきたいけれど，高齢になって認知症になるかもしれないという心配もあるので，株式を管理・処分等をする機能（議決権行使など）は後継者である長男に移転したいという場合には，図表2-30のように自益信託の信託契約を締結する方法が考えられます。

この場合には，信託契約において当初受益者である甲が死亡した場合の次の受益者（甲の死亡に伴って信託を終了させる場合には，残余財産の帰属権利者）を定めておくことにより，遺言書代わりの効果を得ることもできます。

図表2-30　信託契約（自益信託）

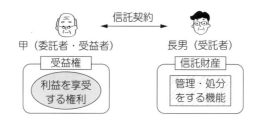

さらに，株式の価値（利益を享受する権利）も，株式の管理・処分等をする機能（議決権行使など）も手放していいというのであれば，図表2-31のように，委託者・受託者・受益者の三者全員が異なる他益信託の信託契約を締結します（この場合も，信託は通常の贈与とは異なり，信託期間中の財産の管理・処分等の方法を指定するなど，委託者の希望次第でさまざまな制限を加えることができます）。

図表2-31　信託契約（他益信託）

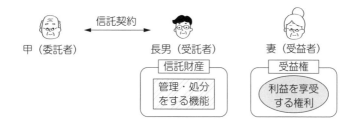

なお，これらの事例はいずれも信託の基本設計であり，実務上はこれらをベースとして，委託者のニーズを組み込んだ設計をしていくことになります。

事例11　円滑な事業承継のために活用

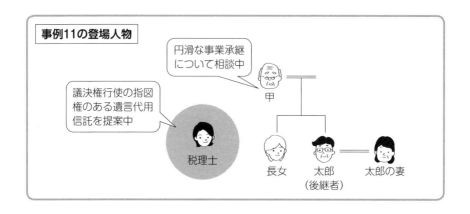

- 長男の太郎がわが社の取締役に就任したので，ご挨拶に連れてきました。

- お2人ご一緒なのは初めてですね。どうされたのですか？

- 私の目の黒いうちは，議決権行使は私がしたいし，配当も私がほしいです。なので，株式を太郎に引き継ぐのは相続のタイミングと思っています。「太郎にA社株式のすべてを相続させる」という遺言も書きました。

- 父の財産ですし，私もそれに異論はありません。ただ，父はちょっとでも機嫌を損ねると，「遺言を撤回する！　お前には1株も相続させない！」と騒ぎます。父の会社を継ぐために脱サラして働いているのに，これでは私の将来も不安です。要領のいい姉もいますし，父が認知症にでもなったら，父の機嫌を見計らって姉が遺言を書き換えさせてしまうのではないかと思うと，心が落ち着きません。

- 面目ない限りですが，これは生まれ持った性分なもので…。太郎に継がせたいという気持ちは本物です。だから遺言も書いたんです。ただ，時々，新聞などでお家騒動が報道されているのをみると，うちも他人ごとじゃないと思い，遺言だけでは私も心配になってきました。

報道によると，先代経営者が亡くなった後にいくつも自筆証書遺言であるかのようなものが出てきて，しかもそれに書かれている後継者がそれぞれ違っていて，どれが本物でどれが有効か（誰が真の後継者か）を調べている間に，従業員は誰についていけばいいのかわからず大混乱したとか，会社が分裂したとかいうニュースがありますよね。

私の相続によって大切な従業員と会社を混乱させたくないのです。私が死亡したと同時に，確実に太郎に経営権を移せる（株式を相続させる）方法は，遺言だけでは難しいのではないかと思い始めました。

甲さんと太郎さんの不安はよくわかりました。こういった悩みをお持ちの経営者の方，後継者の方は多いですが，お2人の悩みは，信託を使えば解決します。例えば，図表2-32のような信託を設定します。

図表2-32 信託のしくみ

委託者	甲
受託者	太郎の妻
受益者	甲，甲の死亡後は太郎
信託財産	A社株式
議決権の行使	甲の生存中は甲の指図に従い受託者が行使する。甲の死亡後は太郎の指図に従い受託者が行使する
信託終了事由・残余財産の帰属権利者	太郎が死亡したときに終了し，残余財産は太郎の長女に帰属する

図表2-33のように，甲さんがご存命中の受益者は甲さんであり，自益信託ですので，**信託の効力発生時に課税関係は生じません**。なお，信託財産に係る管理・処分は，基本的にすべて受託者が行います。議決権行使も，受託者が信託契約に従って行います。しかし，甲さんはご自身が議決権を確保しておきたいという思いをお持ちですので，議決権行使の指図権を甲さんに付与することによって，**議決権行使の指図は甲さんがして，その指図に基づいて受託者である太郎さんの奥様が信託財産に係**

図表2-33　円滑な事業承継のために活用（甲の存命中）

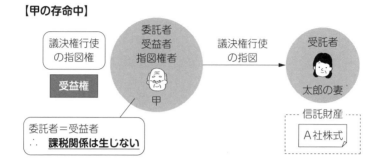

る議決権行使をするというしくみをつくることができます。

　私の死亡後はどうなりますか？

　甲さんが亡くなった後，受益者と議決権行使の指図権者は，信託契約により太郎さんになります。これにより，経営に空白期間をつくることなく，太郎さんに経営のバトンタッチをすることができます。課税関係は，図表2-34のように，直前の受益者である甲さんの死亡によって，太郎さんが受益者となりますので，**太郎さんが甲さんからの遺贈により受益権を取得したものとみなして，太郎さんに相続税が課税されます。**

図表2-34　円滑な事業承継のために活用（甲の死亡後）

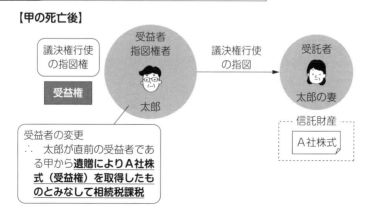

私が書いた「太郎にA社株式のすべてを相続させる」という遺言と，効果は同じということですね。先ほど，経営の空白期間をつくらずに株式を承継させることができるとおっしゃったのはどういうことですか？

信託契約において，甲さんが亡くなったら太郎さんが受益者となる旨を定めておくことで，甲さんの死亡により，信託契約の定めに基づいて当然に太郎さんが受益権を取得するため，経営の空白期間を生じさせることなく，スムーズに事業承継を行うことができます。信託契約はすでに発効していますので，もっともらしい遺言が複数出てくる場合と違い，どれが本物でどれが有効か（誰が真の後継者か）というのを調べる必要がないためです。

受託者を太郎ではなく太郎の妻とし，議決権行使の指図権は私や太郎が持つとしているのは，なぜですか？

それは，甲さんや太郎さんが第三者にA社株式を譲渡してしまうリスクを排除し，太郎さんへの事業承継を安定的かつ確実に行えるようにするためです。もし受託者を太郎さんとした場合，相続後は受益者も太郎さんになりますので，その状態が1年間継続すると信託は終了します。甲さんが亡くなった後に信託を終了させてもいいのでしたら，甲さんを委託者兼受益者とし，太郎さんを受託者とし，甲さんの死亡から1年以内に信託を終了させて残余財産を太郎さんに帰属させるというやり方もできますよ。

そうですね。従業員の雇用や取引先のことも考えると，最低3年間は会社を売ったり解散させたりすることなく，事業を継続してほしいという思いがあります。私の場合は，図表2-32の内容のほうが望みに合っていますね。

わかりました。信託終了事由・帰属権利者のところを，「甲の死亡後3年経過したときに終了し，残余財産は太郎に帰属する」という内容にしましょう。また，信託を設定しても甲さんの機嫌でその信託の内容がコ

ロコロ変わると太郎さんの地位が安定しませんので,「信託事務処理が著しく困難になる等相当の理由が生じたとき以外は変更できない」という文言を入れることもできますが,どうしますか?

ぜひ,入れてください。太郎には安心して腰を据えて経営に取り組んでほしいというのが私の真意です。

ポイント解説⑫　信託の目的

　信託は,その効力発生後は,その「目的」を柱とした信託行為に従って運営される(「目的」の達成のために必要な行為をすることが受託者に求められる)ものですので,この「目的」をどのように定めるかは,信託を設定する上で非常に重要です。したがって,軽い気持ちで決めてしまうのではなく,「何のための信託なのか」という委託者の想いをしっかり反映した文言とする必要があると考えます。

第2章 事例 こんなに使える信託

事例12　一般社団法人を信託の受託者として活用

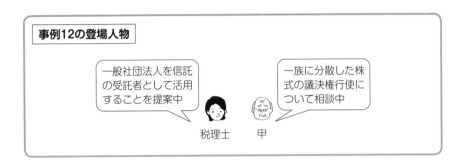

事例12の登場人物

税理士：一般社団法人を信託の受託者として活用することを提案中

甲：一族に分散した株式の議決権行使について相談中

　わが社も来年で創業80周年を迎えます。ずっと気になっていたのですが，先代・先々代の相続の際に株式が創業者一族内に分散してしまいました。幸いなことに現在の株主は友好的な方ばかりです。しかし，今後さらに相続を繰り返せば，経営の障害になるような株主が出てくることもありえます。私の代でなんとか整理をしてから子世代にバトンタッチをしたいと思うものの，株式の評価額も相当高くなっており，また株主も配当を楽しみにしているので，社長である私や発行会社のA社が創業者一族から株式を買い集めるということは事実上不可能な状況です。議決権だけでもなんとか分散させないしくみはつくれないでしょうか。今のうちにできる対策があれば教えてください。

　甲さん，図表2-35のような信託を検討してみませんか？

　一般社団法人Bを信託の受託者として活用する方法ですね。流れを教えてください。

　まず，甲さんと創業者一族の方の何名かが社員となって，一般社団法人Bを設立します。**一般社団法人は事業目的に制限がありませんので，信託の受託者となることを事業目的とすることももちろん可能です。**なお，**不特定多数の者から信託を受けると信託業法が適用されますので，その**

63

図表2-35　信託のしくみ

委託者	創業者一族
受託者	一般社団法人B
受益者	創業者一族，創業者一族の死亡後はその相続人
信託財産	A社株式
信託財産に係る各種株主権の行使	受託者である一般社団法人Bの理事の多数決に基づき行使する
信託終了事由・残余財産の帰属権利者	受託者と受益者の合意により終了し，残余財産は終了時の受益者に帰属する

　点は注意してください。

　なるほど。具体的にはどのような事業目的にすれば，創業者一族は安心して一般社団法人Bに信託してくれるでしょうか？

　例えば，次のような事業目的としてはいかがでしょうか。

> 　当法人は，A社の創業者一族を委託者，当法人を受託者とし，A社の株式を信託財産として委託者から受託し，創業者株主会の円滑な運営を図ることを目的として，次の事業を行う。
> 　1．A社の創業者一族からA社株式の信託を受けること
> 　2．A社の創業者一族から信託を受けたA社株式に係る各種株主権の行使
> 　3．前各号に掲げる事業に附帯又は関連する一切の事業

　これなら説明しやすそうですね。

　一般社団法人の運営上，理事は1人でもいいのですが，理事会の決議に基づいて議決権行使をしたほうが委託者に安心してもらえるようでしたら，3人以上の理事を設けて理事会を設置することもできますよ。

　なるほど。理事は，現在A社で取締役をしている長男と，長女と私の3人が就任し，理事会も設置するということで検討したいと思います。

図表2-36のように，一般社団法人が設立できたら，**創業者一族を委託者兼受益者として，一般社団法人Bを受託者として信託契約を締結**します。委託者と受益者が同じ自益信託ですので，**信託の効力発生時に課税は生じません**。

図表2-36 一般社団法人を信託の受託者として活用

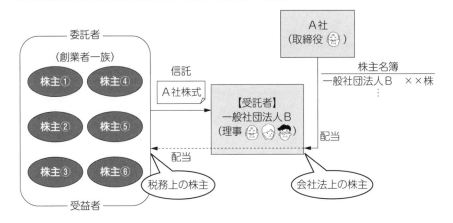

課税が生じないのなら，創業者一族にも「信託してください」とお願いしやすいですね。株主名簿はどうなりますか？

信託により，会社法上の株主は受託者となりますので，**株主名簿上の株主も一般社団法人Bと変更**します。したがって，A社からの配当は，その株主名簿に従って一般社団法人Bに支払われます。

それでは，創業者一族は配当をもらえないのですか？

いいえ。会社法上の株主は一般社団法人Bとなりますが，実質的な所有者は利益を受ける受益者ですので，**配当課税は創業者一族が受けます**し，いったんは一般社団法人Bが受け取った配当金も，一般社団法人Bから創業者一族に給付するという信託契約にすれば大丈夫です。ただし，一般社団法人には所得がゼロであっても少なくとも住民税の均等割

がかかりますので，**一般社団法人も住民税の均等割や一般社団法人B自身の管理コストを賄う程度の信託報酬を受け取るしくみとする必要があります**。

なるほど。一般社団法人を受託者とする場合はある程度運営コストも必要になるのですね。私や長男を受託者とすることもできると思いますが，あえて一般社団法人を受託者とすることのメリットは何でしょうか？

大切な財産を預ける委託者からみたら，安心できる受託者に預けたいわけです。もちろん，甲さんやご長男を信頼しないわけではないでしょうが，**受託者が個人であれば，認知症になるリスク，死亡するリスク等があります**。これらのリスクは，信託契約のつくりこみによって管理することはできますが，**多額の財産を預ける複数の遠戚の方がいらっしゃる今回の場合は，受託者は法人であるほうが委託者はより安心**でしょう。ただし，その受託者である法人が株式会社であれば，その受託者である法人自体の株式の分散リスクがありますから，持分のない一般社団法人を受託者とすることによってそのリスクも排除することができます。

一般社団法人Bの社員・理事である私が死亡したら，一般社団法人Bが受託者として保有するA社株式にも相続税はかかりますか？

いいご質問ですね。これまでは，一般社団法人Bの理事が死亡したとしても相続税に影響はなかったのですが，平成30年度税制改正により取扱いが変わりました。理事は，甲さん・ご長男・ご長女の3名ということでしたね。この場合，甲さんが亡くなったら，一般社団法人Bを個人とみなして，一般社団法人Bの純資産額を3（同族理事の頭数）で割った金額を，一般社団法人Bが甲さんから遺贈により取得したものとみなして，一般社団法人Bに相続税が課税されます。ただし，**一般社団法人Bが信託の受託者として形式的に保有する財産や債務については税制改正の対象外とされていますので，信託財産であるA社株式については，相続税はかかりません**。詳しくは第5章5.8で解説していますので，参考にしてくださいね。

> 一般社団法人Bは信託の受託者としての事業しか行わない予定ですし，信託報酬も住民税の均等割や一般社団法人B自身の管理コストを賄う程度しか支払う予定はないので，一般社団法人Bが実質的に保有することとなる財産はほとんどなく，税制改正の影響はあまりなさそうですね。
> 持分がない一般社団法人に対して信託をしたとしても実質的な株主は現在の創業者一族から変更はないから，追加の課税はなく，信託報酬は支払うにしても配当もほぼこれまでどおり受け取れる，そして，議決権については受託者である一般社団法人が統一行使することができるというしくみは，まさに私の理想です。次に狙うのは上場です！

> 上場した場合も，上位株主に名前が出るのは創業者一族の個人名ではなく，受託者である一般社団法人名なので，個人情報も守れて安心ですよ。

> それはいいことを聞きました。ありがとうございました。

事例13　精神障害のある子供の財産承継のために，成年後見制度とセットで活用

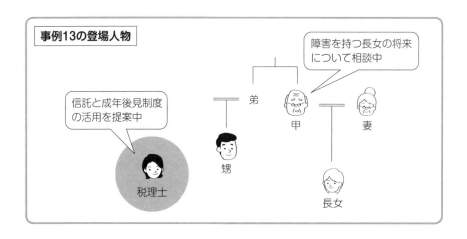

🧓 希望していた老人ホームに空きが出まして，先月から妻と入居しています。介護もしてもらえるところなので，一生そこで暮らす予定です。自宅も無事に買手が見つかり，来週，売買契約を締結することになりました。

👩 そうでしたか。財産の整理をしたいとおっしゃっていましたものね。

🧓 はい。それはさておき，今日は一人娘のことで，相談させてください。長女には生まれつき重い知的障害があり，障害者施設Ｘ（社会福祉法人）で暮らしています。これまで，障害者施設Ｘの手続等の世話は妻がして，生活費は私の不動産収入でまかなうことで面倒をみることができましたが，私も妻も年をとり，長女の将来に対する不安が増してきました。まず，長女の世話という面では，妻は近々大きな手術を控えていて，退院後はこれまでどおりとはいかないでしょう。私の弟の子（甥っ子）と長女とは姉弟同然に育ってきており，ありがたいことに，これからは甥っ子が長女の生活をサポートしてくれると言ってくれていますが，できる

限り甥っ子の負担は少なくしてやりたいのです。

🧑 まずは，法定後見制度のうち「成年後見」を活用するのがいいと思います。これにより，お嬢さんの「財産管理」と「身上監護」は，家庭裁判所が選任した成年後見人がすることになります。

👴 「シンジョウカンゴ」って何ですか？

🧑 「身上監護」というのは，例えば障害者施設の手続等，生活・治療・療養・介護等に関する法律行為を行うことをいいます。

👴 なるほど。甥っ子に成年後見人になってもらうということですね。

🧑 はい。ただし，「後見開始申立書」には「成年後見人候補者」を記入する欄があり，そこに甥っ子さんの名前を書くわけですが，成年後見人を選任するのは家庭裁判所ですので，親族の中に反対する人がいる場合等，甥っ子さんが選任されないこともありえる点はご理解ください。

👴 わかりました。財産については，心配ごとが2点あります。1点目は，私の生前であっても，私自身が認知症になって判断能力がなくなると私の名義になっている賃貸不動産に係る契約締結等ができなくなるので，不便が生じるのではないかということです。

🧑 **甲さんの財産管理については，甲さんの生前から信託を活用してはどうでしょうか？** 例えば，図表2-37のようなしくみにします。信託会社や信託銀行が受託者となるいわゆる商事信託でも，親族が受託者となるいわゆる民事信託でも，どちらでも構いません。

👴 商事信託と民事信託とで，どのような違いがありますか？

🧑 商事信託と民事信託の主なメリット・デメリットは，ポイント解説③をご覧ください。一方のメリットが他方のデメリットになっているような関係といえます。ご家庭ごとにケースバイケースでの判断となりますが，コスト面や，設計・運用の柔軟性を考えれば，一般的には民事信託のほ

図表2-37　信託のしくみ（商事信託のケース）

委託者	甲
受託者	株式会社Y信託
受益者	甲。甲の死亡後は妻と長女。妻の死亡後は長女のみ
受益者代理人	長女が受益者の場合，甥が長女を代理する
信託財産	賃貸不動産，金銭
信託終了事由・残余財産の帰属権利者	長女の死亡により終了し，残余財産は障害者施設Xと甥に均等の割合で帰属する

うが活用しやすいと考えます。しかし，**民事信託の場合，受託者の候補者として適切な方が身近にいない場合や，いたとしてもその方に負担がかかること等もあり，そのようなデメリットが大きいときは商事信託の活用を検討**します。

ぜひ，信託を活用したいです。また，将来の甥っ子の負担を考えると，わが家の場合は，報酬を支払ってでも商事信託でお願いしたいと思います。

成年後見を活用する場合には，年に一度，家庭裁判所へ財産状況等の報告が必要になりますし，信託の場合も，原則として年に一度，受益者へ財産状況等の報告が必要になりますから，そういったことを考えても，**ある程度の財産は商事信託に任せておいたほうが，成年後見人である甥っ子さんの負担は軽くなりますね**。なお，今回，お嬢さんは判断能力がなく，受益者としての権利をご自身で行使することができませんから，お嬢さんが受益者になったときに備えて，お嬢さんに代わって受益者としての権利行使をする方（受益者代理人）を選任しておくといいでしょう。

わかりました。それも，甥っ子にお願いすることにしましょう。それから，2点目の心配ごとは，同じ施設に通っているお友達の親御さんに教

えてもらったのですが，長女は遺言を書ける状態ではないから，長女が相続した私たち夫婦の財産は，長女が死亡した後は，最終的に国庫に帰属するということです。できるなら，お世話になった障害者施設Xと甥っ子とに半分ずつ承継させたいのですが…。

それも信託で解決できますよ。**信託終了時の残余財産の帰属先として**，お世話になった障害者施設Xと甥っ子さんとを指定しておきます。そうすることで，甲さんが作成する信託契約1つで，お嬢さんの次の財産承継者も指定することができ，お嬢さんが遺言を書いたのと同じ効果を得ることができます。

なるほど。そういうことであれば，信託の受益者は，最初は私，私の死亡後は妻と長女で受益割合は1/2ずつ，妻の死亡後は長女単独とし，長女の死亡後は信託を清算して残余財産は障害者施設Xと甥に半分ずつ帰属させることとしましょう。課税関係はどうなりますか？

税務上は，受益者を所有者とみなして課税関係を考えます。甲さんのご存命中は甲さんが受益者であり，**信託前と信託後で，税務上の所有者は甲さんのまま変わらないため，信託の効力発生時に課税関係は生じません**。

私の死亡後はどうなりますか？

甲さんの死亡後，次の受益者である奥様とお嬢さんは，直前の受益者である甲さんから信託財産の遺贈を受けたものとみなして，相続税を計算します。賃貸不動産の敷地については，小規模宅地等の特例の適用も受けられますよ。なお，奥様については，相続税の計算上，配偶者の税額軽減の適用を受けられますので，法定相続分相当額と1億6千万円のいずれか高い金額までは，相続税はかかりません。

妻が死亡した後はどうでしょう？

奥様の死亡後は，お嬢さんは奥様からの遺贈により，信託財産の遺贈を

受けたものとみなして，相続税を計算します。賃貸不動産の敷地については，小規模宅地等の特例の適用も受けられます。

🧑 では，長女が死亡した後はどうですか？

👩 お嬢さんの死亡後，残余財産の帰属権利者である障害者施設Xと甥っ子さんが，お嬢さんからの遺贈により残余財産を取得したものとみなされます。障害者施設Xは社会福祉法人ですので，基本的に相続税は課税されません。甥っ子さんが取得したとみなされる分については，いわゆる相続税額の2割加算を適用して，相続税が計算されます。

🧑 なるほど。よくわかりました。

👩 お話を整理しますと，まずは，甲さんの財産については信託を活用し，お嬢さんのサポートについては成年後見を活用する。すなわち，甲さんの生前は，甲さんの財産は信託会社等で管理・運用をお願いし（受益者は甲），お嬢さんの身上監護は甥っ子さんにお願いする。甲さんの死亡後も引き続き，財産管理は信託会社等にお願いし（受益者は妻・長女，妻死亡後は長女単独。甥が長女の受益者代理人），お嬢さんの身上監護は甥っ子さんにお願いする。お嬢さんの死亡後，信託は終了し，残余財産は障害者施設Xと甥っ子さんに帰属させる。この内容をもとに，詳細を詰めていくということでよろしいですか？

🧑 はい！　だいぶスッキリしてきました！

第3章

信託のキホン

どうやって信託を始めればいいの？

「信じて託す」という言葉どおり，信託は，信じられる適切な受託者がいる場合に，最大限の効果を発揮できる制度です。
　第3章では，どうすれば信託をすることができるか，信託を利用した場合にどのような課税関係が生じるかといった，信託の概要を解説します。

3.1 信託の開始

信託契約・遺言・信託宣言

信託は，信託契約，遺言，信託宣言の3つの方法のうち，いずれかの方法によって設定することができます（信法3）。なお，信託を設定するこれらの法律行為のことを「信託行為」といいます（信法2②）。それぞれの効力発生時点は図表3-1のとおりです。

図表3-1　信託行為・信託の方法・効力発生時点

信託行為 （信法2②）	信託の方法 （信法3）	原則的な効力発生時点 （信法4）
信託契約	委託者と受託者が契約を締結する方法	委託者と受託者との間の契約の締結
遺言	委託者が遺言をする方法	遺言の効力の発生
信託宣言	委託者と受託者が同一の者である場合に，公正証書等に一定事項を記載又は記録する方法	(a) 公正証書等による場合 　…その公正証書等の作成 (b) 上記(a)以外 　…受益者に対する確定日付のある証書による信託がされた旨及びその内容の通知

信託契約

　信託契約による信託方法とは，委託者と受託者が契約を締結する方法とされており，受益者は契約当事者となっていません（図表3-2参照）。これは信託法改正時の議論で，受益者は利益を受ける者であって損をする者ではないことから，法律上は契約当事者にならなくても問題がないと考えられたためです。

　そして，効力も，委託者と受託者の契約の締結のみで発生します。例えば，委託者をお父さん，受託者をお母さん，受益者を子供とする信託の場合，お父さんとお母さんだけの契約の締結により信託を設定することができます。なお，このように受益者が受益権を取得したと知らないような信託が設定された場合

図表3-2 信託契約

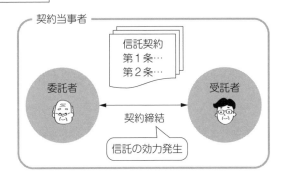

には，原則として受託者から受益者に受益者となった旨を伝えなければならないことになっています。そして，委託者が受益者に受益者となったことを伝えたくないのであれば，伝えない旨の条項を信託契約に盛り込む必要があります（信法88②）。ただし，そのような条項を信託契約に盛り込んだ場合であっても，贈与税の基礎控除額（年間110万円）を超えるような財産を無償で他益信託として設定したときは，受益者は贈与税の申告が必要になるため注意が必要です。

遺　言

遺言による信託とは，遺言の条項の中に，信託の内容を盛り込むというものです（図表3-3参照）。例えば，「遺言者は，遺言者の有する別紙記載の財産

図表3-3　遺　言

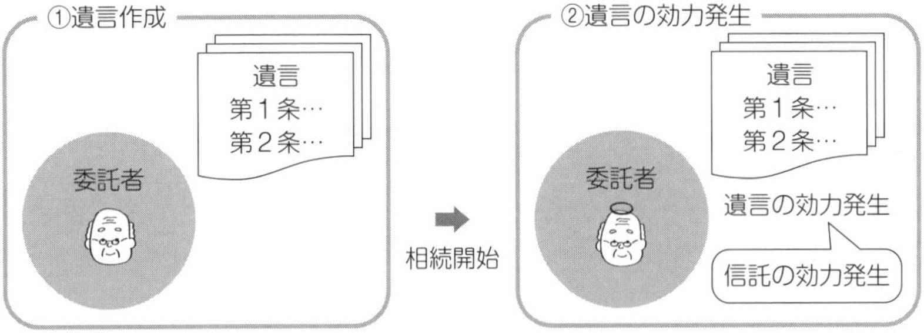

を次のとおり信託する。」との書き出しで、その下に、信託の目的や信託財産、受託者、受益者等の情報を記載します。

　信託の効力が生じるのは遺言の効力が発生した時ですので、遺言により信託の受益者となった者は、信託財産を遺言（遺贈）により取得したものとして取り扱われます。

  信託宣言（自己信託）

　信託宣言による信託とは、平成19年の信託法の改正によって追加されたもので、委託者自身が受託者となる信託であり、自己信託ともいわれます。信託財産については、原則として委託者や受託者の固有財産とは独立して管理されることから（信託の倒産隔離機能）、委託者と受託者が同じ場合には、その債権者を詐害するおそれがあるため、債権者保護や制度の乱用防止といった見地から公正証書で作成するなど、公式な場を利用して、信託を宣言する方法により効力を発生させる信託です（図表3-4参照）。

　なお、信託宣言以外の方法（信託契約や遺言）により信託する場合には、公正証書によらなくても信託の効力に影響はありませんが、将来におけるトラブル防止の観点等から、実務上は公正証書で作成することが望ましいと考えます。

図表3-4　信託宣言

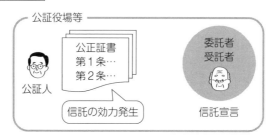

第 3 章　信託のキホン

ポイント解説⑬　自益信託と自己信託

　自益信託と自己信託は，言葉は似ていますが，次のような違いがあります。

1．自益信託

　自益信託は，図表 3 - 5（左）のように，委託者と受益者が同じ者である信託であり，もともとの財産の所有者に財産から生じる利益を受ける権利を残して，財産の管理・処分等の機能を切り離したものです。例えば，賃貸不動産の所有者が，賃料収入は引き続きほしいけれど，認知症になる不安があるから，管理・処分等は親族に任せたいという場合には，自益信託を活用します。

　委託者（信託前の財産の所有者）と，受益者（信託後の実質的な財産の所有者）が同じですから，信託の効力発生時に課税関係は生じません。

2．自己信託

　自己信託は，図表 3 - 5（右）のように，委託者と受託者が同じ者である信託であり，もともとの財産の所有者に財産の管理・処分等の機能を残して，財産から生じる利益を受ける権利を切り離したものです。例えば，会社の株主が，株式の財産価値は贈与したいけれど，議決権は引き続き自分が行使したいというような場合には，自己信託を活用します。

　委託者（信託前の財産の所有者）と，受益者（信託後の財産の実質的な所有者）が異なりますので，基本的に，信託の効力発生時に課税関係が生じます（効力発生時の課税関係については本章3.9参照）。

図表 3 - 5　自益信託と自己信託

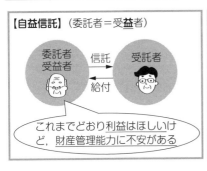

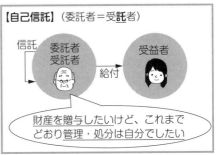

3.2 受託者の義務

義務・責任

信託の目的を達成するため,信託財産の管理・処分等を行う権限がある受託者には,同時に一定の義務・責任が課せられています。

 受託者の義務

受託者には,次の義務があります。

(1) **信託事務遂行義務**

信託の目的を達成するため,受託者は信託行為の定めに形式的に従うだけではなく,信託行為の定めの背後にある委託者の意図(信託の本旨)に従って,信託事務を処理しなければなりません(信法29①,寺本P112)。

(2) **善管注意義務**

受託者は,上記(1)の信託事務を遂行するにあたっては,善良な管理者の注意をもってしなければなりません(信法29②)。

(3) **忠実義務**

受託者は,受益者のため忠実に信託事務の処理その他の行為をしなければなりません(信法30)。このことから,受託者が,利益相反行為(信法31)や競合行為(信法32)をすることは,原則として禁止されています。

> 【利益相反行為の例】
> 信託財産である不動産を受託者がその固有財産をもって購入しようとする(受託者の立場としては受益者のためにできるだけ高く売らないといけないが,購入者の立場としてはできるだけ安く買いたいという思いが働くと推定され,その利益が相反する)。

> 【競合行為の例】
> 信託事務によって行わなければならない有価証券の購入を,その機会を奪取し

て受託者が自分のための取引として行ったところ，有価証券の価格が値上がりをしたために利益を得た（補足説明P45）。

(4) 公平義務

受益者が2人以上ある場合には，受託者は，受益者のために公平にその職務を行わなければなりません（信法33）。

(5) 分別管理義務

受託者は，信託財産と受託者の固有財産及び他の信託の信託財産とを，一定の方法により分別して管理しなければなりません（信法34，本章3.3参照）。

(6) 信託事務処理者の監督義務

受託者は，一定の場合を除き，信託事務を委託した第三者に対し，信託の目的の達成のために必要かつ適切な監督を行う必要があります（信法35②③）。

(7) 信託事務の処理の状況についての報告義務

受託者は，委託者又は受益者からの求めに応じ，信託事務の処理の状況等を報告しなければなりません（信法36）。

(8) 帳簿等の作成等，報告及び保存の義務

受託者は，一定の帳簿等を作成又は取得し，かつ一定期間保存する必要があります。また，財産状況開示資料については受益者に報告する必要があります（信法37，本章3.8参照）。

 受託者の責任

受託者には，その任務を怠った場合等における損失てん補責任及び原状回復責任があります（信法40①）。

3.3 信託財産

信託財産の範囲・分別管理

信託財産のうち，登記や登録をすることができる財産は信託の登記又は登録をすることにより，また，それ以外の財産については外形上区別して管理することにより，受託者の固有財産とは分別管理されます（信法34）。

 信託の対象

金銭的価値に見積もることができる積極財産であり，委託者の財産から分離することができるものは，信託することができます（信法2①，補足説明 P3，寺本 P32）。

次の要件をすべて満たすものは，信託の対象となります。

- ◆ 金銭的価値に見積もることができるもの
- ◆ 積極財産（プラスの財産）
- ◆ 委託者の財産から分離することができるもの

したがって，金銭，不動産，有価証券，特許権等の知的財産権，特許を受ける権利，外国の財産権等は対象となりますが，委託者の生命，身体，名誉等の人格権は対象とはなりません（信法2，補足説明 P3，寺本 P32）。

 信託財産の範囲

信託行為において信託財産と定めた財産のほか，信託財産の管理，処分，滅失，損傷その他の事由によって受託者が得た財産も信託財産となります（信法16）。例えば，図表3-6のとおり，「賃貸不動産」が信託財産である場合には，「その賃貸不動産を賃貸して得た賃料」や，「その賃貸不動産を譲渡して得た代金」，さらに「その代金で購入した新たな賃貸不動産」も信託財産となります。

図表3-6 信託財産

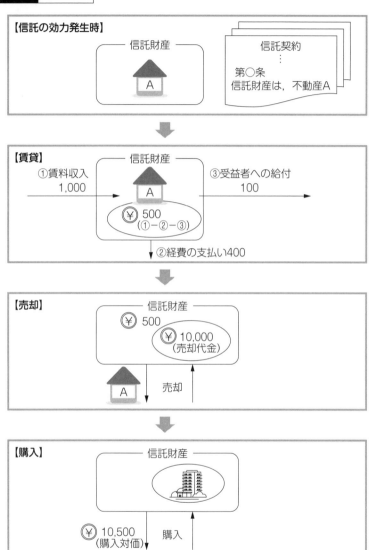

分別管理の方法

分別管理の方法は図表3-7のとおりです(信託に係る登録免許税については、本章3.9、3.10、3.11参照)。分別管理をすることにより、信託開始後、委託者や受託者が破産するなどしたとしても、基本的に信託財産には影響を与えません(第4章4.3、4.9、4.20参照)。

なお、法律上は登録をすることになっている財産であっても、本書執筆時点においては、上場有価証券の登録株主名など、信託財産である旨を登録することの実務上の対応が、完全に追いついているわけではない財産もあります。金融機関によって、取扱いが異なるようです。

図表3-7　主な分別管理の方法(信法34, 37①)

信託財産	分別管理の方法
金銭・債権	その計算を明らかにする方法※ (例えば、信託財産に係る帳簿を作成するなど)
有価証券	信託の登録
動産(金銭を除く)・無記名債権	信託財産と受託者の固有財産および他の信託の信託財産とを外形上区別することができる状態で保管する方法※ (例えば、信託財産である机に、その旨を記載したシールを貼るなど)
車両・船舶	信託の登録
土地・建物・大型船舶	信託の登記
知的財産	信託の登録

※　分別管理の方法について信託行為に別段の定めがあるときは、その定めによります。

第3章　信託のキホン

3.4　信託の変更

変更当事者・変更方法

信託はその効力発生後も変更することができます。変更当事者及び変更方法は次のとおりです。なお，変更の内容次第では，贈与税等の課税関係が生じる場合や（本章3.10参照），税務署に調書を提出しなければならない場合があります（本章3.13参照）。

原　　則

信託の変更は，原則として，委託者，受託者，受益者，三者全員の合意によってすることができます（図表3-8①参照）。

（例外1）信託目的に反しないことが明らかな場合

信託目的に反しないことが明らかである場合には，受託者及び受益者の合意によって（委託者抜きで）変更することができます。さらにその中でも，受益者の利益に適合することが明らかなときは受託者のみの意思表示によって変更することができ，受託者の利益を害しないことが明らかであるときは受益者のみの意思表示によって変更することができます（図表3-8②参照）。

例えば，受益者への金銭の給付時期が毎月10日であるものを月末とするような変更で，これが信託の目的に反しないことが明らかであり，かつ，受益者又は受託者の利益を損ねないのであれば，受託者又は受益者の単独の意思表示で変更することができます。

（例外2）受託者の利益を害しないことが明らかな場合

受託者の利益を害しないことが明らかである場合には，委託者と受益者の受託者に対する意思表示によって変更することができます（図表3-8③参照）。

(例外3）別段の定めがある場合

　上記にかかわらず，信託行為において変更に関する別段の定めを設けることができます（図表3-8④参照）。

　例えば，信託行為に「委託者しか変更できない」とか，「委託者と受託者の合意がないと変更できない」という別段の定めをしておけば，変更しにくい設計にすることができます。

　また，変更しようとした時点において，委託者がすでに亡くなっていてその地位が承継されていない場合（第4章4.4参照）等，委託者が現に存在しない場合には，委託者が変更当事者となっているパターンの変更はできません。つまり委託者の死亡後は別段の定めがないと，例外1のパターンの変更しかできなくなる（信託目的に反しないことが明らかではない場合に変更ができなくなる）ため，変更できる余地を残しておきたい場合には，別段の定めをしておく必要があります。

図表3-8　信託の変更（信法149）

区　分	変更当事者			方　法	変更内容の通知等
	委託者	受託者	受益者		
① 下記以外	○	○	○	合意	変更後の信託行為の内容を明らかにしてしなければならない
② 信託目的に反しないことが明らかなもの	－	○	○	合意	受託者は，委託者に対し，遅滞なく，変更後の信託行為の内容を通知しなければならない
(a) かつ，受益者の利益に適合することが明らかなもの	－	○	－	書面又は電磁的記録によってする意思表示	受託者は，委託者及び受益者に対し，遅滞なく，変更後の信託行為の内容を通知しなければならない
(b) かつ，受託者の利益を害しないことが明らかなもの	－	－	○	受託者に対する意思表示	受託者は，委託者に対し，遅滞なく，変更後の信託行為の内容を通知しなければならない
③ 受託者の利益を害しないことが明らかなもの	○	－	○	受託者に対する意思表示	－
④ 信託行為に別段の定めがあるもの	○	○	○	その定めによる方法	－
⑤ 特別の事情による信託の変更を命ずる裁判があった場合	○	○	○	裁判所への申立て	－

第3章 信託のキホン

3.5 信託の終了

終了事由

信託は次の場合に終了します（信法163, 164①, 165①, 166①）。

 終了事由

(1) 委託者及び受益者が合意したとき

委託者と受益者が合意をした場合には、信託行為に別段の定めがある場合を除き、いつでも信託を終了することができます。なお、委託者が現存しない場合には、受益者の意思表示のみで終了することはできません。

(2) 信託行為において定めた事由が生じたとき

例えば、「委託者が死亡したとき」「受益者が20歳になったとき」等、あらかじめ信託の終了事由を定めておくことができます。信託の終了事由の定めは、信託期間の定めということもできます。

(3) 信託の目的を達成したとき、又は達成することができなくなったとき

信託とは、受託者が信託の目的の達成のために必要な行為をすべきものですので、その信託の目的を達成したり、達成することができなくなったりした場合には信託も終了します。

(4) 受託者が受益権の全部を固有財産で有する状態が1年間継続したとき

例えば、受益者がAさんとBさん2名の信託を設定したとして、そのうちAさんが受託者も兼ねている場合において、受託者ではないほうの受益者Bさんが亡くなったときは、Aさんが信託財産について受託者として「管理・処分等をする機能」と受益者として「利益を受ける権利」を単独で持ち、完全所有権を持つことと変わらなくなるため信託は終了します。ただし、「1年未満の短期間ならOK」ということになっています。

85

(5) 受託者が欠けた場合であって,新受託者が就任しない状態が1年間継続したとき

受託者がいない状態では信託財産の管理・処分等が適切になされないため,信託は終了します。ただし,これについても上記(4)と同様,終了までに1年間の猶予期間が設けられています。

特に個人を受託者とした場合には,その受託者が認知症になったり死亡したりした場合等の不在に備えて,信託行為において次の受託者に関する定めをしておくとともに,その者がちゃんと引受けをしてくれるように,あらかじめ説明し内諾を得ておくことが望ましいと考えます。

(6) 信託財産が費用等の償還等に不足している場合において,受託者が一定の規定により信託を終了させたとき

(7) 信託の併合がされたとき

(8) 特別の事情による信託の終了を命ずる裁判等があったとき

(9) 信託財産についての破産手続開始の決定があったとき

(10) 委託者が破産手続開始の決定,再生手続開始の決定又は更生手続開始の決定を受けた場合において,信託契約の解除がされたとき

(11) 不法目的で信託がされた場合等において,利害関係人の申立てにより,裁判所が公益確保のために信託の終了を命じたとき

> 信託の目的によっては,終了しやすいものにしたり,終了しづらいものにしたりといったつくりこみが必要です。

3.6 残余財産の帰属

残余財産の帰属者・受益者としての権利を有する期間
信託が終了した場合の残余財産の帰属先は次のとおりです。

残余財産の帰属者

信託が終了した場合の残余財産の帰属者は，図表3-9のとおり，信託行為に定めがあれば基本的にその者となり，定めがない場合やその定められたすべての者がその権利を放棄した場合は委託者又はその相続人等となり，それでも決まらない場合は清算受託者となります（信法182）。

図表3-9 残余財産の帰属者

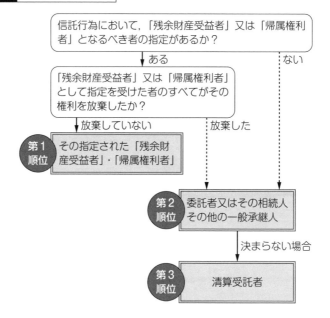

残余財産の帰属者の受益者としての権利を有する期間

「残余財産受益者」とは，信託行為において残余財産の給付を内容とする受益債権に係る受益者となるべき者として指定された者をいいます。また，「帰属権利者」とは，信託行為において残余財産の帰属すべき者となるべき者として指定された者をいいます。

いずれも残余財産の帰属者という点は同じですが，受益者としての権利（帳簿閲覧権等）を有する期間には図表3-10のような違いがあります（信法183⑥）。

「帰属権利者」が信託終了時まで信託に係る権利を持たないのに対して，「残余財産受益者」は信託の効力発生時から受益者としての権利を持ちます。そのため，「残余財産受益者」については，信託の効力発生時から課税関係が生じる場合があります（本章3.9，3.12参照）。残余財産の帰属者としては，「残余財産受益者」ではなく「帰属権利者」を定めることが多いのではないかと思います。

図表3-10　受益者としての権利を有する期間

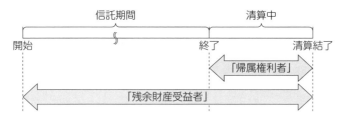

第3章 信託のキホン

3.7 信託と遺留分の関係

遺留分侵害額の請求の可能性

信託によっても基本的に遺留分権利者の遺留分は侵害できないと考えられています（遺留分侵害額の請求については，ポイント解説④⑲参照）。

 遺留分侵害額の請求の可能性

図表3-11のように，甲さんがすべての財産につき，遺言によって長女だけを受益者とするという信託を設定した場合はどうでしょうか。

手続上，そのような信託を設定できないことはありませんが，遺留分を侵害された長男は，受益者又は受託者に対して遺留分侵害額の請求（受益者に対しては受益権の取得につき，受託者に対しては財産権の移転につき請求）をすることができるという考え方があります（中間整理11頁～12頁）※。遺留分侵害額の請求がなされた結果，信託の運営がうまくいかなくなったということにもなりかねませんので，信託を設定する場合には遺留分にも注意が必要です。

図表3-11　受益権と遺留分侵害額の請求

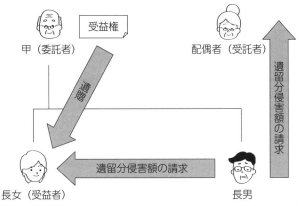

※ 「受益者に対してのみ」又は「受託者に対してのみ」しか請求できないという説や判例もあります（東京地裁平成30年9月12日判決他）。

3.8 信託における会計・税務

計算期間・会計処理・書類の作成・税務上の留意点等

信託における計算期間，会計処理，書類の作成・保存，受益者への報告，税務上の主な留意点は下記のとおりです。

 計算期間

受託者は，年に1回，一定の時期に，「財産状況開示資料」を作成し，原則として，受益者に報告をしなければなりません（信法37②③，信規33一，信計規4③）。また，税務上，信託財産から生じた収益・費用は，受益者に帰属するものとみなされるため，受益者において所得税等の確定申告が必要な場合があります（本章3.10参照）。したがって，最長でも1年以下の単位を計算期間とする必要があります。

なお，受益者が個人の場合には，所得税の計算期間と合わせて，信託の計算期間も1月1日から12月31日までの暦年としておくことが望ましいと考えます。

 会計処理

信託の会計は，一般に公正妥当と認められる会計の慣行に従うものとされ，その解釈及び規定の適用に関しては，一般に公正妥当と認められる会計基準その他の会計慣行をしん酌しなければなりません（信法13，信計規3）。

また，「信託帳簿」又は「財産状況開示資料」の作成にあたっては，信託行為の趣旨をしん酌しなければならないとされています（信計規4⑥）。なお，信託行為の趣旨をしん酌した結果，単純な管理型の信託で，仕訳帳や総勘定元帳等の「帳簿」と呼ぶべき書類を備えるまでの必要がない場合には，「帳簿」に限定されないとされています（補足説明第23）。

受託者の会計処理に関する実務上の対応

　受託者が行う信託の会計処理について，企業会計基準委員会が平成19年8月2日に公表した実務対応報告第23号「信託の会計処理に関する実務上の取扱い」では，次のように示しています。すなわち，家族や同族会社を当事者とするような信託の場合には，明らかに不合理であると認められるとき又は下記①②に該当するときを除き，受託者は，基本的には信託行為の定め等に基づいた会計処理を行えばよいと考えられます（実務対応報告Q8）。

> 　新信託法において，信託の会計は，一般に公正妥当と認められる会計の慣行に従うものとするとされている。<u>これまで～（略）～その会計は，主に信託契約など信託行為の定め等に基づいて行われてきたと考えられる。</u>むろん，信託の会計を一般に公正妥当と認められる企業会計の基準に準じて行うことも妨げられないものの，<u>新信託法においても</u>，信託は財産の管理又は処分の制度であるというこれまでの特徴を有しているため，今後も，<u>これまでと同様に明らかに不合理であると認められる場合を除き，信託の会計は信託行為の定め等に基づいて行うことが考えられる。</u>
> 　ただし，<u>次のような信託については</u>，債権者が存在したり現在の受益者以外の者が受益者になることが想定されたりするなど，多様に利用される信託の中で利害関係者に対する財務報告をより重視する必要性があると考えられるため，当該信託の会計については，株式会社の会計（会社法第431条）や持分会社の会計（会社法第614条）に準じて行うことが考えられる。この場合には，<u>原則として，一般に公正妥当と認められる企業会計の基準に準じて行うこととなる。</u>
> ①　信託法第216条に基づく限定責任信託
> ②　受益者が多数となる信託

 ## 書類の作成・保存

　受託者は，信託財産の状況等を明らかにするため，図表3-12の書類を作成又は取得し，かつ一定期間保存する必要があります（信法37，信計規4）。

図表3-12　作成等が必要な書類及び保存期間

作成時期	作成等が必要な書類	保存期間
①随時作成	◆信託帳簿	（原則）作成後10年間 （例外）受益者に写し等を交付した場合は保存義務なし
②随時，作成又は取得	◆信託事務の処理に関する書類 （例） ・信託財産の処分に係る契約書	（原則）作成又は取得後10年間 （例外）受益者に写し等を交付した場合は保存義務なし
③1年に1回，一定の時期に作成	◆財産状況開示資料 （例） ・貸借対照表 ・損益計算書 ・財産目録	（原則）信託の清算の結了の日まで （例外）作成から10年経過後に受益者に写し等を交付した場合は保存義務なし

「信託帳簿」とは，信託事務に関する計算並びに信託財産及び信託財産責任負担債務の状況を明らかにする帳簿等の書類のことをいいます。前述のとおり，単純な管理型の信託の場合には，「帳簿」と呼ぶべき書類を備えるまでの必要がないこともあり，信託帳簿は，仕訳帳や総勘定元帳等の「帳簿」に限定されません。また，1つの書面として作成する必要はなく，他の目的で作成された書類等をもって信託帳簿とすることができます（信法37①，信規33一，信計規4①②）。

「財産状況開示資料」とは，信託財産及び信託財産責任負担債務の概況を明らかにする書類のことをいいます（信法37②，信規33一，信計規4③④）。財産状況開示資料が具体的にどのようなものかは，信託の類型によって異なり，資産の運用を目的とする信託の場合は貸借対照表や損益計算書に類似する書類の作成が必要になり，単に物の管理をするにすぎない信託の場合は財産目録に相当する書類が作成されれば足りると考えられています（補足説明第23）。

ただし，その信託に係る受益権が譲渡可能なものであり，かつ，その信託に係る信託財産の主要部分の売却に関する判断を受託者が単独でできる場合等に

は，より厳密な書類の作成が求められます。すなわち，受託者は，「信託帳簿」として信託計算規則に基づいた会計帳簿を作成し，「財産状況開示資料」として信託計算規則に基づいた貸借対照表，損益計算書及び信託概況報告並びにこれらの附属明細書を作成する必要があります（信法222②④，信規33二，信規5，6，12）。

なお，受託者は，一定の場合には，信託に係る事務を第三者に委託することができます（第4章4.7参照）。

 受益者への報告

作成した財産状況開示資料については，受託者から受益者に対して，その内容の報告が必要となります（信託行為において別段の定めがある場合を除く）。受託者の書類作成・保存・報告に関するイメージは，図表3-13のとおりです。

図表3-13　受託者の書類作成等に関するイメージ図

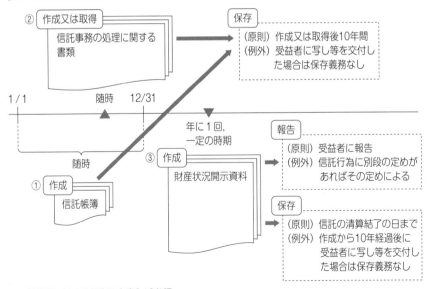

※　税務署に対する報告は本章3.13参照。

税務上の主な留意点

　信託があった場合には，税務上は実質で課税関係を判断しますので，受益者が信託財産の所有者であるとみなして課税関係を考えます。つまり，委託者と受益者が同じであれば，信託財産について実質的な所有権の移転がないため課税関係は生じませんが，委託者と受益者が異なれば実質的な所有権が委託者から受益者に移転しますので，税務上は贈与等があったものとみなされます（図表3-14，本章3.9参照）。

　また，受益者を変更した場合には，その変更の都度，信託財産の実質的な所有者が変わるため，旧受益者から新受益者に対して贈与等があったものとみなされます（図表3-15，本章3.10参照）。

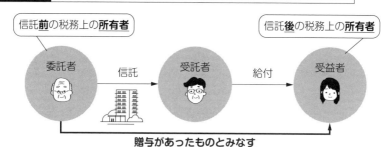

図表3-14　無償による他益信託の設定があった場合（税務上の考え方）

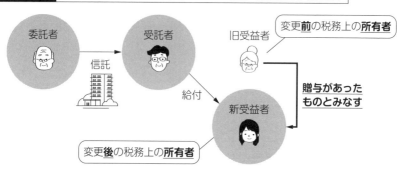

図表3-15　無償による受益者の変更があった場合（税務上の考え方）

さらに，受益者が不在となった場合には，信託そのものに課税がなされます（いわゆる「法人課税信託」。ポイント解説⑱参照）。

　信託の設定により思わぬ課税が生じたということのないよう，スキーム設計に際しては，信託の期間中の受益者の変更や受益者の不在についても慎重に検討することが必要です。

3.9 信託の効力発生時の課税関係

自益信託の場合・他益信託の場合・流通税

前述のとおり，税務上は「信託財産に係る経済的利益を受けるのは誰か」という実質に着目して課税関係を判断します。本書が前提とする信託，つまり，家族や同族会社を信託の当事者とする，受益証券を発行しない民事信託の場合，受益者を信託財産の所有者とみなして，課税関係を考えます（所法13①，法法12①）。

自益信託の場合（委託者＝受益者）

自益信託の場合，つまり委託者と受益者が同じである場合には，税務上，信託の前後で経済価値の移動がない（所有者が実質的に変更されない）ことから，後述の流通税以外の課税関係は生じません。

他益信託の場合（委託者≠受益者）

他益信託の場合，つまり委託者と受益者が異なる場合，税務上，信託の前後で経済価値（実質的な所有権）が委託者から受益者に移動することから，次のような課税関係が生じます。

(1) 適正対価の授受がある場合

適正対価の授受がある場合は，委託者から受益者へ，信託財産の譲渡があったものとして，課税関係を考えます（図表3-16参照）。

委託者は，受益者から適正対価を得て実質的な所有権を受益者に譲渡したとみることができることから，譲渡人と考えて，個人であれば個人の譲渡の規定が，法人であれば法人の譲渡の規定が適用されます。

また，受益者は，適正対価を支払って受益権を取得したとみることができることから，通常の資産の取得の場合と同様に，課税関係は生じません。

図表3-16　他益信託で，適正対価の授受がある場合

		受益者	
		個人	法人
委託者	個人	課税関係なし／譲渡所得課税（所法33）	課税関係なし／譲渡所得課税（所法33）
	法人	課税関係なし／譲渡課税（法法22②）	課税関係なし※／譲渡課税※（法法22②）

※　完全支配関係がある法人間で，委託者・受益者となるときは，グループ法人税制の適用を受けます。

(2) 適正対価の授受がない場合

適正対価の授受がない場合は，委託者から受益者へ，信託財産の贈与（委託者の死亡に基因して信託の効力が生じた場合には遺贈）や，低額譲渡があったものとして課税関係を考えます（図表3-17参照）。

図表3-17　他益信託で，適正対価の授受がない場合

		受益者	
		個人	法人
委託者	個人	贈与・遺贈（相法9の2①）／課税関係なし	受贈益課税（法法22②）／対価が時価の1/2未満の場合はみなし譲渡課税（所法67の3③，59①，所基通67の3-1）
	法人	一時所得課税（所基通34-1(5)）又は給与課税／譲渡課税・寄附金課税（法法22②，37⑦⑧）又は給与	受贈益課税※（法法22②）／譲渡課税・寄附金課税※（法法22②，37⑦⑧）

※　完全支配関係がある法人間で，委託者・受益者となるときは，グループ法人税制の適用を受けます。

民事信託で主として活用されるのは，委託者も受益者も個人である他益信託で適正対価の授受がない場合（図表3-17の左上）ではないかと思います。この場合には，受益者となった者に贈与税（遺言により受益者となった場合には相続税）が課税されます。

 流通税

(1) 印紙税
信託契約に係る印紙税は1通につき200円です（印法2，7，別表第一⑫）。

(2) 登録免許税
① 財産権の移転の登記・登録
不動産を信託した場合の「所有権の移転の登記」のように，委託者から受託者に信託のために財産を移す場合における，財産権の移転の登記又は登録には，登録免許税はかかりません（登法7①一）。
② 財産権の信託の登記・登録
不動産を信託した場合の「所有権の信託の登記」のように，財産権の信託の登記又は登録には登録免許税がかかります。
不動産の「所有権の信託の登記」に係る登録免許税は，固定資産税評価額×0.4％（土地の場合，平成31年3月31日までは0.3％）です（登法別表第一①(十)，措法72①二）。

(3) 不動産取得税
信託の効力発生時に，委託者から受託者に信託財産を移す場合における不動産の取得については，不動産取得税はかかりません（地法73の7三）。

信託財産が不動産であっても，効力発生時の流通税が軽いのはいいですね。

第3章　信託のキホン

ポイント解説⑭　みなし受益者（特定委託者）

1．受益者

信託法上，「受益権を有する者」のことを受益者といいます。一方，税務上は図表3-18のとおり，「受益者（受益者としての権利を現に有するものに限る）」と「みなし受益者」が受益者です（信法2⑥，所法13②，法法12②，相法9の2①）。

図表3-18　税務上の受益者

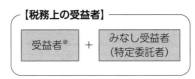

※　受益者としての権利を現に有するものに限ります。

2．受益者（受益者としての権利を現に有するものに限る）

「受益者（受益者としての権利を現に有するものに限る）」は，文字どおり，判定時点で受益権を行使することができるかどうかで判断します。

3．みなし受益者（特定委託者）

税務上，次に掲げる者（受益者を除く）は，原則として受益者とみなされます（所得税法・法人税法では「みなし受益者」と，相続税法では「特定委託者」という。所法13②，所令52①③，所基通13-8，法法12②，法令15①③，法基通14-4-8，相法9の2①⑤，相令1の7①，相基通9の2-2）。簡単に言い換えると，信託の変更に関与でき，かつ，信託から財産をもらえる可能性のある人は，その実質をみて，税務上は受益者とみなしましょうということになっています。

> (1)　次の場合の委託者（信託の変更権限※を現に有している場合に限る）
> 　①　委託者が信託行為の定めにより帰属権利者として指定されている場合
> 　②　信託行為に残余財産受益者又は帰属権利者の指定に関する定めがない場合
> 　③　残余財産受益者又は帰属権利者のすべてがその権利を放棄した場合
> (2)　停止条件が付された信託財産の給付を受ける権利を有する者で，信託の変更権限※を有する者
> 　※　信託の目的に反しないことが明らかである場合に限っての軽微な変更権限を除く。

したがって，例えば，残余財産の帰属権利者について決めかねている場合には，注意して設計をしないと，意図せずに上記(1)②に該当し，委託者が税務上の受益者とみなされる可能性があります。

また，上記(2)に関し，受託者は基本的に信託の変更権限を有する者に該当することから，受託者が残余財産の帰属権利者であるような場合には，その実質をみて，受託者が税務上の受益者とみなされる可能性があります（所令52②，法令15②，相令1の7②，信法149①，本章3.4参照）。

4．実質判断

　上記の定義を形式的にあてはめたところ税務上の受益者に該当する者であっても，その権利の内容によってはその者に帰属させるべき資産・負債・収益・費用が限りなくゼロに近いとして，税務上の受益者として取り扱われないこともあると考えられています（財務省「平成19年度税制改正の解説」295頁）。

　税務上の受益者に該当するかどうかは，上述のとおりその実質により判断されると期待されるものの，形式的に該当していると課税の不安が残ります。予期せぬ課税を避けるため，残余財産の帰属権利者を委託者以外の者と定めたり，委託者や受託者兼帰属権利者の信託変更権限について別段の定めをしたりする等の検討が必要な場合もあると考えます。
（タクトニュースNo.740参照　https://www.tactnet.com/news/files/No.740.pdf）

ポイント解説⑮　「所有権の移転の登記」と「所有権の信託の登記」

　不動産の"売買"の際には「所有権の移転の登記」をしますが，不動産を"信託"した場合には「所有権の移転の登記」の他に「所有権の信託の登記」をする必要があります。それぞれの違いは，下記の登記簿謄本の記載例をみるとわかりやすいと思います。

　不動産の「所有権の信託の登記」としては，信託の目的，委託者，受託者及び受益者の氏名又は名称及び住所，信託財産の管理方法，信託の終了の事由，その他の信託の条項を登記します（不登法97，不登規176①）。

（不動産の登記簿謄本）

表題部（土地の表示）		調整	平成X年X月X日	不動産番号	XXXXXXX
地図番号	余白	筆界特定	余白		
所在	千代田区XXX			余白	
①地番	②地目	③地積　m²	原因及びその日付〔登記の日付〕		
X番X	宅地	XX：	余白		
（略）					

権利部（甲区）　　（所有権に関する事項）

順位番号	登記の目的	受付年月日・受付番号	権利者その他の事項
1	所有権移転	昭和XX年X月X日 第XX号	原因　昭和XX年X月X日売買 所有者　甲　千代田区XXX
2	所有権移転	平成XX年X月X日 第XX号	原因　平成XX年X月X日信託 受託者　乙　千代田区XXX
	信託	余白	信託目録第Y号

※上記2の「所有権移転」と「信託」部分が「所有権の移転の登記」

信託目録		調整	余白
番号	受付年月日・受付番号	予備	
第Y号	平成XX年X月X日 第XX号	余白	
1　委託者に関する事項	甲　千代田区XXX		
2　受託者に関する事項	乙　千代田区XXX		
3　受益者に関する事項	甲　千代田区XXX		
4　信託条項	1　信託の目的　XXXXX 2　信託財産の管理方法　XXXXX 3　信託の終了の事由　XXXXX 4　その他の信託の条項　XXXXX （略）		

※信託目録部分が「所有権の信託の登記」

3.10 信託期間中の課税関係

租税回避防止規定・変更があった場合・流通税

税務上は受益者を，信託財産の所有者とみなして課税関係を考えます（所法13①，法法12①）。信託期間中の課税関係の主なポイントは，次のとおりです。

信託期間中の課税関係の主なポイント

信託期間中の課税関係の主なポイントは次のとおりです。

① 信託財産に属する資産・負債は，受益者が有しているものとみなされる
② 信託財産に帰せられる収益・費用は受益者に帰属するものとみなされる
③ 租税回避防止規定がある

例えば，図表3-19の場合，信託財産であるA社株式は，税務上，受益者の財産とみなされます。受託者はA社から入金された配当796（源泉徴収後）から信託財産の管理に必要な資金96を信託財産として残して，受益者に現金700を給付しています。受益者にとっては，源泉徴収前の配当1,000が配当所得の金額となりますので，現金700の給付時には課税されません。

図表3-19 株式を信託している場合

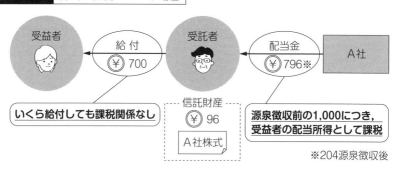

※204源泉徴収後

租税回避防止規定（措法41の4の2，67の12①）

税務上，次のような租税回避防止規定が準備されています。

(1) 受益者が個人の場合

受益者（個人）の不動産所得の金額の計算上，信託財産から生じる不動産所得に係る損失の金額はなかったものとみなされ（不動産所得の赤字は切り捨て），信託をしていない不動産に係る不動産所得の金額や他の所得の金額と損益通算をすることや，純損失の繰越しをすることはできません（措法41の4の2）。

したがって，例えば，委託者兼当初受益者である個人の認知症対策として，修繕や取り壊し等により多額の損失が見込まれる賃貸建物を信託財産とする信託の活用を検討する場合には，信託をして損失が生じた場合に損益通算や純損失の繰越しができないというデメリットと，信託をしないことによるデメリット（財産所有者が認知症になった後は，財産所有者が法律行為をすることができなくなることから，賃貸建物の活用に制限が加わること等）を比較して，信託するかどうかを判断する必要があると考えます。

(2) 受益者が法人の場合

① 信託損失額が生じた事業年度
　受益者（法人）の所得の金額の計算上，信託損失額のうち信託財産の帳簿価額を基礎として計算した金額を超える部分の金額は，損金不算入となります。また，信託の最終的な損益の見込みが実質的に欠損となっていない場合において，損失補てん契約等により信託による損益が明らかに欠損とならないと見込まれるときは，その信託損失額の全額が損金不算入となります（措法67の12①，措令39の31③④⑤⑦）。

② 上記①の翌事業年度以降の事業年度
　上記①により損金不算入とした金額の合計額については，その翌事業年度以降の事業年度において，その合計額のうち，その事業年度の信託利益額に達するまでの金額が損金算入されます（措法67の12②，措令39の31⑨）。

受益者や権利内容の変更があった場合

前述のとおり,税務上は,受益者が信託財産に係る所有者とみなされます。したがって,受益者に変更があった場合には,変更前の受益者から変更後の受益者に,信託財産の所有者が変わったものとみなして,次のような課税関係が生じます。

(1) 適正対価の授受がある場合

適正対価の授受がある場合は,変更前の受益者から変更後の受益者へ,信託財産の譲渡があったものとして,課税関係を考えます。

(2) 適正対価の授受がない場合

適正対価の授受がない場合は,変更前の受益者から変更後の受益者へ,信託財産の贈与(直前の受益者の死亡に基因する変更の場合には遺贈)や,低額譲渡があったものとして課税関係を考えます。

具体的な課税関係は,本章3.9図表3-16・17中の「委託者」を「変更前の受益者」と,「受益者」を「変更後の受益者」と読み替えてください。

また,受益者が複数いる場合において,各受益者の受益割合が変更されたときも,これと同様に,実質的な所有者の変更があった部分につき,適正対価の授受の有無等に応じ課税関係を考えます。

 ## 上記以外の変更があった場合

受益者や権利内容以外の変更の場合には,税務上,信託の前後で経済価値の移動がない(実質的な所有者に変更がない)ことから,次の流通税以外の課税関係は生じません。

流通税

(1) 印紙税

信託契約書（つくり直す場合）や，受益権の譲渡契約書（１万円以上の受益権を譲渡する場合）に係る印紙税は１通につき200円です（印法２，７，別表第一⑫⑮）。

(2) 登録免許税

① 財産権の移転の登記・登録
(a) 受託者の変更
　受託者の変更に伴い前受託者から新受託者に信託財産を移す場合における，財産権の移転の登記又は登録（不動産が信託財産である場合には「所有権の移転の登記」）には，登録免許税はかかりません（登法７①三）。
(b) 上記(a)以外の変更
　信託財産の所有者は受託者です。したがって，受託者以外の変更の場合は財産権の移転は認識されません。
② 財産権の信託の登記・登録
　財産権の信託の登記又は登録の内容に変更があった場合には，変更の登記又は登録をする必要があります。
　不動産が信託財産である場合には，「所有権の信託の登記」として，受託者や受益者の氏名・住所等を登記する必要があります（ポイント解説⑮参照）が，これらに変更があれば，変更の登記が必要となります。不動産の「所有権の信託の登記」の変更に係る登録免許税は不動産１個につき1,000円です（登法２，９，別表第一①（十四））。

(3) 不動産取得税

① 受託者の変更
　受託者の変更に伴い前受託者から新受託者に信託財産を移す場合における不動産の取得については，不動産取得税はかかりません（地法73の７五）。
② 上記①以外の変更
　信託財産の所有者は受託者です。したがって，受託者以外の変更の場合は不動産の取得は認識されません。

3.11 信託終了時の課税関係

受益者＝帰属権利者の場合・受益者≠帰属権利者の場合・流通税

信託では，受益者以外に，信託終了時の残余財産の帰属先として，「帰属権利者」を定めることができます（本章3.6参照）。税務上は，実質で判断し，信託が終了した場合には，受益者から帰属権利者に，信託財産の所有者が変わったものとして課税関係を考えます（信託終了時の残余財産の帰属につき，「帰属権利者」ではなく「残余財産受益者」（≒「元本受益者」）を定めていた場合の取扱いは本章3.12参照）。

 受益者＝帰属権利者の場合

受益者と帰属権利者が同じである場合には，税務上，信託終了の前後で経済価値の移動がない（実質的な所有者に変更がない）ことから，下記流通税以外の課税関係は生じません。

 受益者≠帰属権利者の場合

受益者と帰属権利者が異なる場合，税務上，信託終了の前後で経済価値（実質的な所有権）が受益者から帰属権利者に移動することから，課税関係が生じます。

具体的な課税関係は，本章3.9図表3－16・17中の「委託者」を「受益者」と，「受益者」を「帰属権利者」と読み替えてください。

 流通税

(1) 登録免許税

① 財産権の移転の登記・登録
(a) 原則（下記(b)，(c)以外の場合）
受託者から帰属権利者に財産を移す場合における，財産権の移転の登記又は登録については，登録免許税がかかります。

不動産が信託財産である場合の「所有権の移転の登記」に係る登録免許税は，固定資産税評価額×2％です（登法2，9，別表第一①（二）ハ）。
(b) 特例1（実質的な移転がなく，非課税となる場合）
　次のすべての要件を満たす場合には，信託の終了時の財産権の移転の登記又は登録について，登録免許税はかかりません（登法7①二）。
　(イ)　信託の効力発生時から委託者のみが信託財産の元本の受益者である
　(ロ)　信託終了に伴い信託財産を取得するのが信託の効力発生時の委託者である
(c) 特例2（相続による移転とみなし，軽減税率が適用される場合）
　次のすべての要件を満たす場合には，信託の終了時の財産権の移転の登記又は登録については，相続による財産権の移転とみなされます（登法7②）。
　(イ)　信託の効力発生時から委託者のみが信託財産の元本の受益者である
　(ロ)　信託終了に伴い信託財産を取得するのが信託の効力発生時の委託者の相続人である
　不動産が信託財産である場合の「相続による所有権の移転の登記」に係る登録免許税は，固定資産税評価額×0.4％です（登法2，9，別表第一①（二）イ）。
② 財産権の信託の登記・登録の抹消
　信託の登記又は登録がされた財産権については，その抹消の登記又は登録が必要です。
　不動産が信託財産である場合には，「所有権の信託の登記」に係る抹消に際し，不動産1個につき1,000円（同一の申請書により20個を超える不動産について登記の抹消を受ける場合には，申請件数1件につき20,000円）の登録免許税がかかります（登法2，9，別表第一①（十五））。

(2) 不動産取得税

① 原則（下記②以外の場合）
　不動産取得税については，固定資産税評価額（宅地については，固定資産税評価額の1/2）×4％（平成33年（2021年）3月31日までの土地又は住宅の取得については3％）です（地法73の15，地法附11の2①）。
② 例外（非課税となる場合）
　次のすべての要件を満たす場合には，信託終了に伴う不動産の取得については，不動産取得税はかかりません（地法73の7四）。
　(a)　信託の効力発生時から委託者のみが信託財産の受益者である
　(b)　信託終了に伴い信託財産である不動産を取得するのが，委託者，又は委託者から相続をした者である

3.12 受益権の税務上の評価

受益権・受益権の評価

 受益権

受益権とは、株券のような現物の証券のことをいうのではなく、図表3-20に示すように、受益者が有する権利の総称のことをいいます（信法2⑦）。

図表3-20 受益権

受益権
- **受益債権**
  - ① 信託行為に基づいて受託者が受益者に対し負う債務であって、信託財産に係る給付をすべきものに係る債権

- ② ①を確保するために信託法に基づいて受託者その他の者に対し一定の行為を求めることができる権利

 受益権の評価

受益権の評価については、財産評価基本通達において、次のとおり定められています（財基通202）。

それぞれの場合の評価額のイメージは図表3-21のとおりです。

(1) 元本と収益との受益者が同じ場合
① 受益者が1人の場合
信託財産を受益者が所有しているものとみなして、課税時期における信託財産の価額が評価額となります。…(A)
② 受益者が複数の場合
元本と収益との受益者が、元本及び収益の一部を受ける場合には、課税時期

における信託財産の価額（A）に，それぞれの受益割合を乗じたものが評価額となります。

(2) 元本と収益との受益者が異なる場合（いわゆる「複層化信託」）
① 収益受益者が取得する収益受益権…（B）

まず，信託の効力発生時や受益者変更時等の課税時期の現況において，受益者が将来受けるべき利益の価額を推算します。そして，その推算した価額ごとに，課税時期からそれぞれの受益の時期までの期間に応ずる基準年利率による複利現価率を乗じて計算した金額の合計額が評価額となります。

② 元本受益者が取得する元本受益権

信託財産の価額（A）から収益受益権の価額（B）を控除したものが，元本受益権の評価額となります。つまり，元本受益権の評価額と収益受益権の評価額（B）との合計額は，信託財産の価額（A）と一致します。

※ 受益権が複層化された受益者連続型信託の受益権の評価額は，上記とは異なり，次のとおりとなります（相基通9の3-1(2)(3)）。
(a) 収益受益権…信託財産の価額（A）
(b) 元本受益権（収益受益権を法人が取得した場合又はその収益受益権の全部もしくは一部の受益者が存しない場合を除く）…ゼロ

図表3-21　受益権の評価

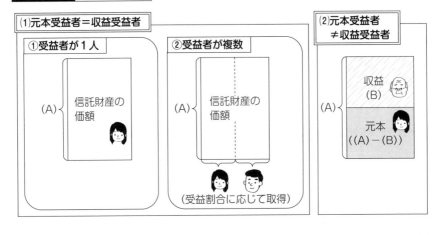

複層化信託に適する財産

　上記(2)のように，受益権が元本と収益とに複層化されている場合には，その評価にあたり，将来受けるべき利益を推算する必要があります。しかし，この推算にあたって恣意性を排除しきれず，税務上妥当とされる受益権の評価額を算定することが難しい場合もあることから，実務上，この複層化に適している財産としては，元本の額と利子の額が確定している公社債などが考えられます。
　なお，税務上の概念である「元本受益者」は，信託法の概念である「残余財産受益者」（本章3.6参照）と，多くの場合同じであるものの，その範囲は必ずしもイコールではないと考えます。これは，受益権の設計によっては，信託の終了前に元本の一部払い戻しを受ける場合も想定されるためです。

 （参考）複層化信託の評価額の推移イメージと主な課税関係

　委託者（甲）が，株式を信託財産，甲を収益受益者，孫を元本受益者，信託期間15年とする信託契約を無償で締結した場合の，収益受益権・元本受益権の評価額の推移のイメージ，及び主な課税関係は次のとおりです（図表3-22参照）。なお，株式の評価額は一定であり，収益受益者が将来受けるべき利益の価額の推算は適正であるものとします。

> 【評価額の推移のイメージ】
> ・収益受益権の評価額＋元本受益権の評価額＝信託財産の価額
> ・収益受益権の評価額は，信託期間の経過に伴い，小さくなる
> ・元本受益権の評価額は，信託期間の経過に伴い，大きくなる
> 【主な課税関係】
> ①　信託開始時に，委託者である甲から，元本受益者である孫に対して，元本受益権の贈与があったものとされます（相法9の2①）。
> ②　信託期間中の元本受益権の価値の増加分については，贈与税は課税されません。
> ③　信託終了前に，甲が死亡した場合，甲の相続財産は，その時点における収益受益権の評価額となります（財基通202(3)ロ）。

④ 元本受益者への元本の帰属時には，課税関係は生じません。

図表3-22 複層化信託の各受益権の評価額の推移のイメージとポイント

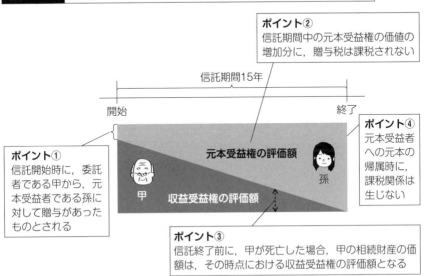

3.13 税務署への提出書類

信託の計算書・調書等

個人が受益者の場合の税務署へ提出しなければならない書類は下記のとおりです。

 定期的に提出が必要なもの

(1) 信託の計算書

受託者は,原則として,毎年1月31日までに,税務署長に対し,前年の信託財産の状況等を記載した「信託の計算書」(図表3-24参照)及びその合計表を提出しなければなりません(所法227,所規96②③,措法8の5①二～四)。

提出義務の判定は,図表3-23のとおりです。

図表3-23　信託の計算書の提出義務の判定

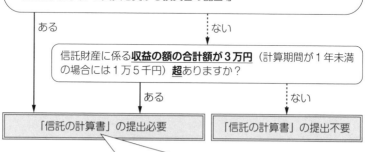

第3章　信託のキホン

図表3-24　信託の計算書

信　託　の　計　算　書
（自　　年　月　日至　　年　月　日）

信託財産に帰せられる収益及び費用の受益者等	住所(居所)又は所在地	
	氏名又は名称	番号
元本たる信託財産の受益者等	住所(居所)又は所在地	
	氏名又は名称	番号
委託者	住所(居所)又は所在地	
	氏名又は名称	番号
受託者	住所(居所)又は所在地	
	氏名又は名称　　　　　　　　　　（電話）	
	計算書の作成年月日　　　年　月　日	番号

○番号」欄に個人番号（12桁）を記載する場合には、右詰で記載します。

信託の期間	自　　年　月　日 至　　年　月　日	受益者等の異動	原　因	
			時　期	
信託の目的				

受益者等に交付した利益の内容	種　類		受託者の受けるべき報酬の額等	報酬の額又はその計算方法	
	数　量			支払義務者	
	時　期			支払時期	
	損益分配割合			補てん又は補足の割合	

収益及び費用の明細

収益の内訳	収益の額	費用の内訳	費用の額
収益	千円	費用	千円
合　計		合　計	

資産及び負債の明細

資産及び負債の内訳	資産の額及び負債の額	所在地	数量	備考
資産	千円			
合　計		(摘要)		
負債				
合　計				
資産の合計－負債の合計				

整理欄　①　　②

357

(2) 不動産所得に関する明細書

受益者は、信託から生じる不動産所得がある場合には、確定申告書に、次の書類を添付する必要があります（措令26の6の2⑥，措規18の24①）。

① 不動産所得に関し通常添付する書類（青色決算書や収支内訳書）
② 信託から生じる不動産所得につき、次に掲げる項目別の金額その他参考となる事項を記載した明細書
　(a) 総収入金額：賃貸料，その他の収入
　(b) 必要経費：減価償却費，貸倒金，借入金利子及びその他の経費

　臨時的に提出が必要なもの

受託者は、「信託につき税務上で贈与・遺贈が認識される事由が生じた場合」において「信託財産の価額の合計額（相続税評価額）が50万円超」のときは、その事由が生じた日の属する月の翌月末日までに、税務署長に対し、信託財産の種類・所在場所・価額等を記載した「信託に関する受益者別（委託者別）調書」（図表3-28参照）及びその合計表を提出しなければなりません（相法59②，相規30③）。①効力発生時，②変更時（受益者・権利内容），③終了時の提出義

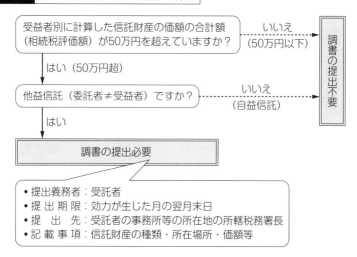

図表3-25　①効力発生時の提出義務の判定

務の判定は図表 3 -25・26・27のとおりです。

図表3-26　②変更時（受益者・権利内容）の提出義務の判定

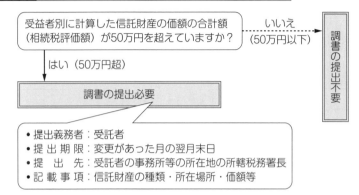

図表3-27　③終了時の提出義務の判定

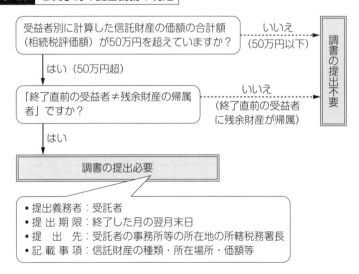

図表3-28 信託に関する受益者別（委託者別）調書

信託に関する受益者別（委託者別）調書

受益者	住所（居所）		氏名又は名称	
			個人番号又は法人番号	
特定委託者	又は		氏名又は名称	
			個人番号又は法人番号	
委託者	所在地		氏名又は名称	
			個人番号又は法人番号	

信託財産の種類	信託財産の所在場所		構造・数量等	信託財産の価額
信託に関する権利の内容	信託の期間	提出事由	提出事由の生じた日	記号番号
	自 ・ ・ 至 ・ ・		・ ・	

（摘要）

（平成　年　月　日提出）

受託者	所在地又は住所（居所）	（電話）
	営業所の所在地等	（電話）
	名称又は氏名	
	法人番号又は個人番号	

整理欄	①	②

358

○「個人番号又は法人番号」又は「法人番号又は個人番号」欄に個人番号（12桁）を記載する場合には、右詰で記載します。

第4章

信託に関する
よくあるギモン

信託の登場人物などについて，もっと詳しく知りたいなぁ

第4章では，信託に関するよくあるギモンについて，図表を使って解説します。

4.1 委託者

Q 委託者になる場合の注意点を教えてください。

A 委託者とは，財産を信託する者のことをいいます（信法2④）。どのような内容の信託行為にするかは基本的に委託者の自由ですが，後々トラブルが発生しないよう，課税関係・遺留分・委託者の権利等には注意する必要があります。

課税関係

信託設定の段階から，信託に伴う課税関係や納税資金についても考えておく必要があります（詳細は第3章3.9参照）。例えば，委託者・受益者ともに個人で，信託の効力発生に際して適正対価の授受がない場合には，税務上は，信託の効力発生時に委託者から受益者に贈与（委託者の死亡に基因して受益者となった場合は遺贈）があったものとして取り扱われます。この場合，信託財産の評価額が贈与税・相続税の基礎控除額を超えるときは，受益者に贈与税・相続税が課税されます。

遺留分

遺留分を侵害するような信託があった場合，遺留分を侵害された相続人は，遺留分侵害額の請求をすることができます（ポイント解説④，第3章3.7参照）。
遺留分侵害額の請求がなされた場合には，その後の信託の運営がうまくいかなくなる可能性もあります。場合によっては，受益者にならない推定相続人に対して，少なくとも遺留分相当の財産を相続させるような遺言を書いておくなどの対応も必要です。

委託者の権利

委託者は次のような権利を持ちます。これらの権利は下記※1・2のように別段の定めをすることによって，委託者に付与しないことも，付与することも

できます。どちらが安心かはケースバイケースです。

例えば，配偶者の生活保障を目的とする信託の場合に，委託者が認知症になった際にその成年後見人に委託者の権利を行使されては困るようなときは，あらかじめ委託者の権利を制限しておくことも考えられます。

① 委託者に通常認められる権利の例
　(a) 受託者の辞任の同意権・解任の合意権・解任に関する裁判申立権，新受託者の選任の合意権（信法57①，58①④，62①）
　(b) 信託の変更・終了の合意権（信法149①，164①）
　(c) 信託事務の処理状況についての報告請求権（信法36）
　　※1　これらの権利は，信託行為に委託者がその権利の全部又は一部を有しない旨の別段の定めをすることができる（信法145①）。
② 信託行為に別段の定めをすることにより委託者に認められる権利の例
　(a) 信託財産に対する強制執行等への異議申立権（信法145②一）
　(b) 受託者の権限違反・利益相反行為の取消権（信法145②二三）
　(c) 信託帳簿等の閲覧請求権（信法145②五）
　(d) 受託者の損失てん補・原状回復請求権（信法145②七）
　(e) 財産状況開示資料の内容に係る報告請求権（信法145④二）
　　※2　これらの権利は，受益者に通常認められている権利であり，信託行為に別段の定めをすることによって，受益者と委託者が持つことになる。

4.2 委託者

Q 委託者の地位は移転できますか？

A 委託者の地位は，受託者及び受益者の同意を得るか，信託行為に定めた方法に従って，第三者に移転することができます。

地位の移転

委託者の地位は，以下のいずれかの方法により，第三者に移転することができます（信法146①）。

① 受託者及び受益者の同意を得る
② 信託行為に定めた方法に従う

4.3 委託者

Q 委託者が破産した場合,信託はどうなりますか?

A 信託財産は受託者に属する財産であるため,委託者が破産手続開始の決定を受けたとしても,信託財産は破産財団には属しません(信法2③)。ただし,委託者が破産手続開始の決定を受けた場合等において,破産管財人等により信託契約の解除がされたときは,信託は終了します(信法163八)。また,委託者が破産する直前等に,その債権者を害する目的でされた一定の信託については,詐害信託として,委託者の債権者等は,信託の取消しを裁判所に請求すること等ができます(信法11,23②③)。

信託財産への影響

委託者が破産手続開始の決定を受けたとしても,信託財産は受託者に属する財産であるため,信託財産は破産財団には属しません(信法2③)。

信託契約が終了する場合

委託者が破産手続開始の決定,再生手続開始の決定又は更生手続開始の決定を受けた場合において,破産管財人・再生債務者・更生管財人により信託契約の解除がなされた場合には,信託は終了します。

詐害信託の取消し等

詐害信託とは,債務者である委託者が,その債権者を害することを知ってした信託のことをいいます(民法424,信法11①)。

詐害信託があった場合には,委託者の債権者は,受託者を被告として詐害行為取消権を行使する(信託の取消しを裁判所に請求する)こと等ができます(信法11,23②③)。

この場合,受託者が債権者を害する事実を知っていたかどうかは関係ありません。

4.4 委託者

Q 委託者が死亡した場合，信託はどうなりますか？ 委託者の地位は相続されますか？

A 委託者の死亡が信託の終了事由として定められていなければ，委託者の死亡後も信託は継続します（信法163九）。そして，委託者の地位は，遺言信託の場合には原則として承継されませんが，信託契約の場合には原則として承継されます（信法147）。

● 信託の存続

委託者の死亡が信託の終了事由として定められていなければ，委託者の死亡後も信託は継続します（信法163九）。

● 地位の相続（信法147）

図表4-1に記載のとおり，遺言により信託がされた場合（遺言信託の場合）には，信託行為に別段の定めがあるときを除いて，委託者の相続人は，委託者の地位を相続により承継しません。したがって，委託者の相続開始後にその信託の内容について変更が必要となった場合に，別段の定めがなければ軽微な変更しかできなくなりますので，それを避けたいのであれば変更に関する別段の定めや，委託者の地位が相続により承継される旨の別段の定めをしておく必要があります（第3章3.4参照）。

また，信託契約により信託がされた場合には，信託法上，前述のような規定がないことから，信託行為に別段の定めがある場合を除いて，委託者の地位は相続により委託者の相続人に承継されると考えられています。したがって，委託者の相続開始後にその地位を相続されるのが望ましくない場合には，委託者の地位は承継されずに消滅する旨を，別段の定めにしておく必要があると考えます。

実務上は，いずれの場合も，委託者の地位を承継させるのか，させないのか

について，信託行為に明記しておくことが望ましいと考えます。

図表4-1　委託者の地位の承継

信託行為	委託者の相続人による地位の承継	
	原　則	例　外
遺言信託	相続により承継されない	信託行為に別段の定めがある場合はその定めによる
信託契約	相続により承継されると考えられる※	

※　規定がないことからの反対解釈。

委託者としての権利

委託者の権利については，本章4.1を参照。

委託者の相続人の権利（信法182②）

信託が終了した場合において，信託行為に残余財産の帰属者に関する定めがない場合や，残余財産の帰属者として定められた者のすべてがその権利を放棄した場合には，委託者又はその相続人その他の一般承継人を帰属権利者として指定する旨の定めがあったものとみなされます。

4.5 受託者

Q 家族が受託者になる場合,信託業法に抵触しませんか?

A 特定の親族間で委託者・受託者となるような場合は抵触しません。

信託業法の適用に関する解釈

信託業とは,「信託の引受けを行う営業」のことをいい,これを営む場合には内閣総理大臣の免許や登録を受ける必要があり,信託業法の規制を受けます(信業法2①,3,7①)。民事信託においても,信託行為に定めをすれば受託者は信託報酬を受けることができますが,その場合,ここでいう「営業」に該当しないかどうか(信託業法が適用されないかどうか)が心配になります。

これについては,有識者により構成された,金融審議会金融分科会第二部会と信託に関するワーキンググループの平成18年1月26日の合同会合において,次のように示されています(太字・アンダーラインは筆者)。

- ◆ 信託業法の規制を課す趣旨は,①業者(受託者)と不特定多数の顧客(受益者等)との間には情報量や交渉力の差が生じ得ることに加え,②業者(受託者)が管理運用上の義務を確実に遂行するよう一定の義務を課すことにより,顧客(受益者等)を保護するものであり,こうした考え方は今回の信託法改正後も同様と考えられる
- ◆ 信託業に対する規制の対象は,信託の引受けの「営業」と規定され,反復継続性・収支相償性が要件と解されているが,この**反復継続性の要件については,不特定多数の委託者・受益者との取引が行われ得るかという実質に即して判断**されている
- ◆ **不特定多数の委託者を予定していない場合には,信託業の対象とはならない**と考えられる

つまり,信託業法が適用されるのは,不特定多数の者からの信託を引き受ける(受託者となる)場合と解されていますので,親族間で委託者・受託者となるような信託(本書が前提とする民事信託)の場合,基本的に信託業法は適用されません。

第4章　信託に関するよくあるギモン

ポイント解説⑯　信託業法とは

　信託法が民事信託だけでなく商事信託にも適用される法律であるのに対して、信託業法は基本的に商事信託を規制対象とした法律です。

　例えば受託者が信託会社の場合、信託会社（受託者）が、お客様（委託者）から財産の信託を受けて、お客様（受益者）のためにその財産の管理・処分等をするわけですが、信託会社とお客様との間の情報力等の格差があります。そこで、信託業法では、委託者や受益者の保護等の観点から、例えば次のような規定が設けられています。

> ◆　信託業を営む場合には内閣総理大臣の免許や登録を受ける必要がある（信業法2②）
> ◆　内閣総理大臣の免許や登録を受けずに信託業を営んだ場合等には、3年以下の懲役もしくは300万円以下の罰金に処せられ、又はこれが併科される（信業法91）
> ◆　信託業を営む受託者に対しては、善管注意義務が強行規定として課されている（信業法28）（民事信託では、当事者間の契約により軽減等が可能）

　なお、本章4.5で解説したとおり、不特定多数の者からの信託を予定している場合には信託業法が適用されます。したがって、図表4-2のように、受託者が個人の場合でも信託業法が適用されるケースがあります。

図表4-2　信託業法が適用される場合

【適用外】
- 委託者：父
- 信託
- 受託者：子

【適用を受ける】
- 委託者：父、委託者：親戚、委託者：得意先、委託者：その他, 親友など
- 不特定多数の者からの信託
- 受託者：A
- 信託業法の適用を受ける

125

ポイント解説⑰　民事信託と信託報酬

　信託事務の処理の対価として受託者が受ける利益のことを「信託報酬」といいます。信託行為において「受託者が信託財産から信託報酬を受ける旨の定め」がある場合には，民事信託においても信託報酬を受けることができます。受託者が受けることのできる信託報酬の額は図表4-3のとおりです。

　なお，実務上，民事信託の信託報酬の額は，成年後見人の報酬額を参考に設定することがあります。東京家庭裁判所や横浜家庭裁判所が公表する成年後見人の報酬額の目安は図表4-4のとおりです。

図表4-3　信託報酬の額（信法54）

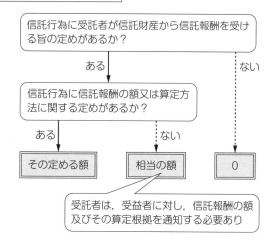

図表4-4　（参考）成年後見人の報酬額の目安

管理財産額	月額
〜1,000万円以下	2万円
1,000万円超〜5,000万円以下	3万〜4万円
5,000万円超〜	5万〜6万円

第4章　信託に関するよくあるギモン

4.6　受託者

Q　受託者になる場合の注意点を教えてください。

A　受託者とは，信託行為の定めに従い，信託財産に属する財産の管理又は処分及びその他の信託の目的の達成のために必要な行為をすべき義務を負う者をいいます（信法2⑤）。信託行為において定められた目的を達成できるようにするため，信託財産の管理処分等を行う権限を与えられている受託者には，同時に一定の義務・責任があることを理解しておく必要があります。また，信託財産から支払わなければならない債務については，信託財産だけではなく，基本的に受託者の固有財産も責任財産となりますので，軽い気持ちで信託の受託者になることには注意が必要です（信法2⑨，21）。

受託者の義務

第3章3.2参照。

受託者の責任

第3章3.2参照。

信託財産責任負担債務

信託財産から支払わなければならない債務（信託財産責任負担債務）については，信託財産だけではなく，基本的に受託者の固有財産も責任財産となり，受託者個人も債務（無限責任）を負うことになります（信法2⑨，21，寺本P88）。

したがって，軽い気持ちで，信託の受託者になることには注意が必要です。仮に信託財産に災害が発生し，損害賠償請求された場合，基本的に受託者の個人財産もその責任財産となります。

4.7 受託者

Q 受託者は事務の処理を第三者に委託することができますか？

A 一定の場合には委託することができます。詳細は次のとおりです。

● 信託事務処理の第三者への委託

受託者は，信託行為の定めの内容や状況に応じて，信託事務の処理を専門家等の第三者に委託することができます（信法28）。委託できる場合・できない場合の判定は図表4-5のとおりです。

信託事務の処理を第三者に委託するときは，受託者は信託目的に照らして適切な者に委託する必要があります（信法35①）。

また，次に掲げる者に委託した場合を除き，受託者は，その第三者に対し，信託目的の達成のために必要かつ適切な監督を行う必要があります（信法35②③）。

①　信託行為において指名された第三者
②　信託行為において受託者が委託者又は受益者の指名に従い信託事務の処理を第三者に委託する旨の定めがある場合において，その定めに従い指名された第三者

第4章 信託に関するよくあるギモン

図表4-5　信託事務の第三者への委託

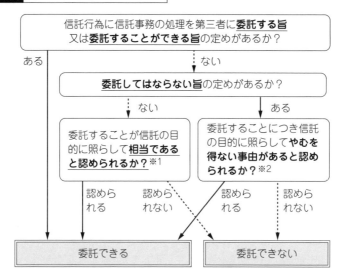

図表中の※1に該当する例としては，次のような場合があります。

- 『テナント・ビルを信託財産として管理する場合において，テナントの募集広告事務や清掃事務を専門の業者に委託する場合』のように，『信託事務のうち，受託者が自ら処理するよりも，より高い能力を有する専門家を使用する方が適当であると認められる場合』（寺本P109-110）。
- 『信託財産の状況に関する報告書を受益者に送付する場合において，送付事務を運送業者に委託する場合』など，『特に高度な能力を要しない機械的事務ではあるものの，受託者が自ら行うよりも専門業者に委託した方が費用・時間等の点で効率的であると認められる場合』（寺本P110）。

また，図表中の※2に該当する例としては，『受託者が長期入院や急な海外出張のため，自ら信託事務を処理することが困難な場合』があります（寺本P109）。

4.8 受託者

Q 誰が受託者を監督しますか？

A 信託の利害関係人（受益者，委託者，債権者等）は，受託者が作成した財産状況開示資料等につき，受託者に閲覧又は謄写を請求すること等により，受託者を監督することができます（信法38①⑥）。また，信託監督人や受益者代理人が選任されている場合には，これらの者も受託者を監督する権限を持ちます（信法132①，139①）。

受益者による資料等の閲覧請求権

受益者が，受託者に対して閲覧又は謄写の請求をすることができる資料等は，次のとおりです（各書類がどのようなものかについては，第3章3.8参照）。

①財産状況開示資料　②信託帳簿　③信託事務の処理に関する書類

受益者以外の利害関係人による資料等の閲覧請求権

受益者以外の利害関係人（委託者，債権者等）が，受託者に対して閲覧又は謄写の請求をすることができる資料は，信託法上は，財産状況開示資料（上記①）のみです（信法38⑥）。ただし，信託帳簿（上記②）や信託事務の処理に関する書類（上記③）についても，信託行為に別段の定めをすることにより，受益者以外の利害関係人に閲覧又は謄写の請求権を与えられます（信法145②五）。

信託監督人・受益者代理人による資料等の閲覧請求権

信託監督人（第1章1.3参照）や受益者代理人（第1章1.3参照）も，受益者と同様，受託者に対して上記①から③の資料等の閲覧又は謄写の請求をすることができます（信法132①，139①）。なお，信託監督人や受益者代理人が選任されている場合でも，受益者も引き続きこれらの請求権を持ち，単独で行使することができます。

4.9 受託者

Q 受託者が破産した場合，信託はどうなりますか？

A 受託者が破産したとしても，信託財産に影響を与えません。受託者の任務に関しては，受託者が個人の場合には，信託行為に別段の定めがなければその任務は終了し，受託者が法人の場合には，法人自体が解散となり，その任務は終了します（信法56①三，四，④）。

信託財産への影響

受託者が破産手続開始の決定を受けた場合であっても，その決定は信託財産に影響を与えません（信法25①）。受託者が再生手続開始の決定を受けた場合や，更生手続開始の決定を受けた場合も同様です（信法25④⑦）。これは，信託財産が委託者や受託者の固有財産から独立した財産とされているためです（信託の倒産隔離機能）。

受託者の資格

個人の受託者が破産手続開始の決定を受けた場合には，原則として受託者の任務は終了しますが，信託行為に別段の定めがあるときは，破産者は引き続き受託者となります（信法56①三，④）。

法人の受託者が破産手続開始の決定を受けた場合には，その法人は解散し，受託者の任務は終了します（信法56①四）。

新受託者の選任

受託者の任務が終了した場合，信託行為に新受託者に関する定めがあり，その定められた者が信託の引受けをしたときは，その定められた者が新受託者となります。それ以外の場合には，委託者が現存すれば委託者と受益者の合意により新受託者を選任し，委託者が現存しなければ受益者が新受託者を選任します（信法62①⑧）。

4.10 受託者

Q 受託者が死亡した場合,信託はどうなりますか?

個人の受託者が死亡した場合には,その受託者の任務は終了し,その地位が相続されることはありません(信法56①一)。したがって,信託行為の定め等に基づき,新しい受託者を選任する必要があります。

新受託者の選任

新受託者の選任の流れは図表4-6のとおりです(信法62)。

図表4-6 新受託者の選任

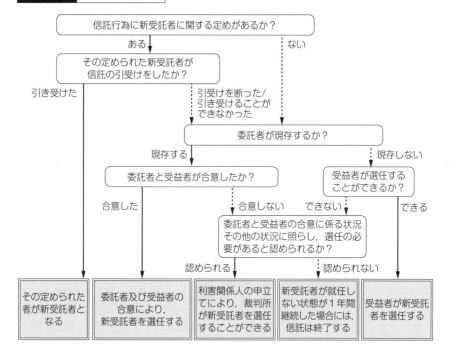

受託者の相続人の義務

　受託者の死亡により，信託事務の処理等が滞ることがないよう，死亡した受託者の相続人（法定代理人が現存する場合には，その法定代理人）には，次のような義務があります（信法60①②）。

> ①　信託行為に別段の定めがある場合を除き，知れている受益者に対し，受託者が死亡した事実を通知すること
> ②　新受託者が信託事務の処理をすることができるまでの間，信託財産の保管をし，かつ，信託事務の引継ぎに必要な行為をすること

　なお，受託者が個人である場合には，その者が死亡したときだけでなく，判断能力が不十分となったときも，信託事務に支障をきたします。これらに備えて，信託行為で新受託者に関する定めをしておくことが必要です。

4.11 受託者

Q 受託者を辞任・解任することはできますか？

　信託行為の定めに従って辞任・解任することができる場合等，一定の場合には，受託者を辞任・解任することができます。

● 受託者の辞任

受託者が辞任できる場合・できない場合の判定は図表4-7のとおりです（信法57①②⑥）。

図表4-7 受託者の辞任

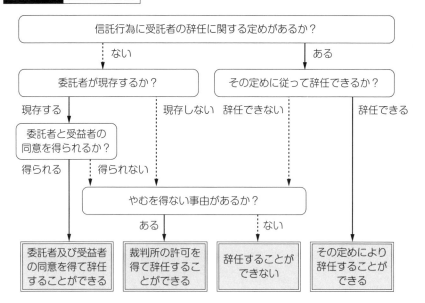

受託者の解任

　受託者を解任できる場合・できない場合の判定は図表4−8のとおりです（信法58①③④⑧）。

図表4−8　受託者の解任

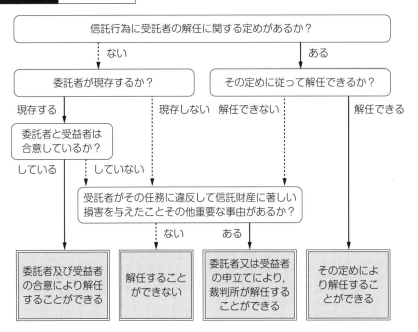

4.12 受託者

Q 受託者が，信託法上求められる財産状況開示資料等の作成・報告を怠ったり，税務上求められる信託の計算書等の提出を怠ったりした場合の罰則について教えてください。

A 受託者が財産状況開示資料等の作成・報告を怠った場合には，100万円以下の過料に処せられます。ただし，刑を科されるときにはその過料に処せられない場合もあります（信法270①）。また，信託の計算書等を提出期限までに税務署長に提出しなかった場合には，1年以下の懲役又は50万円以下の罰金に処せられます（所法242，相法70）。

信託法上の罰則

次の場合には，受託者は，刑を科されるときを除き，100万円以下の過料に処せられます（信法270①）。

(1) 「財産状況開示資料」，「信託帳簿」，「信託事務の処理に関する書類」を作成せず，又はこれらに記載等すべき事項を記載等せず，もしくは虚偽の記載等をしたとき
(2) 「財産状況開示資料」について，信託法の規定による報告をせず，又は虚偽の報告をしたとき
(3) 信託法の規定に違反して，正当な理由がないのに，書類等の閲覧又は謄写を拒んだとき

税務上の罰則

次の場合には，受託者は，1年以下の懲役又は50万円以下の罰金に処せられます（所法242，相法70）。

(1) 「信託の計算書」を提出期限までに税務署長に提出せず，又は虚偽の記載もしくは記録をして提出したとき
(2) 「信託に関する受益者別（委託者別）調書」を提出期限までに税務署長に提出せず，又は虚偽の記載もしくは記録をして提出したとき

4.13 受益者・受益権

Q 受益者になる場合の税務上の注意点を教えてください。

A 税務上，受益者が信託財産の所有者とみなされますので，信託の効力発生時・信託期間中・信託終了時の課税関係に注意する必要があります（第3章3.9，3.10，3.11参照）。また，租税回避防止規定（第3章3.10参照）や確定申告書添付書類にも注意が必要です。

　税務上の注意点

税務上，信託財産に属する資産・負債は受益者が有しているものとみなされ，信託財産に帰せられる収益・費用は受益者に帰属するものとみなされます（所法13①，法法12①）。したがって，信託財産に係る所得税や法人税等の確定申告は受益者がしなければなりませんが，その際，通常の確定申告作業に加えて図表4-9のような事項に注意する必要があります。

図表4-9　租税回避防止規定・確定申告書添付書類

	受益者	
	個　人 （賃貸不動産を信託している場合）	法　人
租税回避防止規定	信託財産から生じる不動産所得に係る損失は損益通算不可（措法41の4の2①）	信託財産額を超える信託損失額は損金不算入（措法67の12①）
確定申告書添付書類	①　不動産所得につき通常添付する書類（青色申告決算書や収支内訳書） ②　信託から生じる不動産所得につき，信託ごとに，次に掲げる項目別の金額その他参考となる事項を記載した明細書（措令26の6の2⑥，措規18の24①） 　(a)　総収入金額：賃貸料，その他の収入 　(b)　必要経費：減価償却費，貸倒金，借入金利子及びその他の経費	「組合事業等による組合等損失額の損金不算入又は組合等損失超過合計額の損金算入に関する明細書」（別表9(2)）

4.14 受益者・受益権

Q 受益者は信託に関してどのような権利を持ちますか？

A 受益者が信託に関して持つ権利には，大別して，「受託者を監督する権利」と「意思決定に係る権利」とがあります（寺本 P264）。

● 受託者を監督する権利

受託者を監督する権利の例としては，次のようなものがあります。これらの権利は，信託行為の定めによって制限を加えることはできません（信法92）。したがって，複数の受益者がいる場合にも，単独で権利行使することができます。

- ◆ 受託者の権限違反行為の取消権
- ◆ 信託事務の処理状況についての報告請求権
- ◆ 帳簿等の閲覧等の請求権
- ◆ 損失てん補・原状回復請求権
- ◆ 受託者の行為差止め請求権

● 意思決定に係る権利

意思決定に係る権利の例としては，次のようなものがあります。受益者代理人が選任されている場合，その受益者代理人に代理される受益者は，原則として，この意思決定に係る権利（受託者の損失てん補責任等の免除を除く）を行使することができません。

- ◆ 受託者の利益相反行為・競合行為についての事前承認
- ◆ 受託者の辞任・解任の合意
- ◆ 信託の変更・併合・分割・終了の合意
- ◆ 清算受託者が行う信託事務に関する最終の計算に対する承認
- ◆ 受託者の損失てん補責任等の免除

4.15 受益者・受益権

Q 重度の知的障害を持つ子供や認知症の妻も受益者になれますか？

A もちろん，なることができます。

 ### 受益者の資格要件

信託法では，受益者となるための資格や要件に定めはありません。信託財産の管理処分等は，信託行為で定められた方法に従って受託者が行いますので，判断能力がある人はもちろん，重度の知的障害を持つ方や認知症の方等であっても受益者となり，利益を受けることができます。

ただし，受益者の権利（受益権）は，第3章図表3-20に記載のとおり，「信託財産に係る給付をすべきものに係る債権」だけでなく，「これを確保するために～(略)～一定の行為を求めることができる権利」もあります。受益者の判断能力が欠ける場合，特に後者の権利行使が難しくなりますので，その場合には「受益者代理人」の活用を検討します。

 ### 受益者代理人

受益者代理人とは，受益者のために受益者の権利を行使する者をいいます。受益者代理人が選任されると，その受益者代理人に代理される受益者は受託者を監督する権利（本章4.14参照）及び信託行為において定めた権利を除いて権利を行使することができなくなります（信法139④）。

受益者代理人は，信託行為に定めがなければ選任することができません（信法138①）。したがって，信託の効力発生時においては受益者の判断能力に問題がなくても，将来的に受益者代理人の選任が必要と考えられるのであれば，信託行為に停止条件や始期を設けた上で，受益者代理人に関する定めをしておくことがあります。

4.16 受益者・受益権

Q 受益者に内緒で信託を設定することはできますか？

A 信託行為において，「受益者となった旨を受益者には通知しない」と定めることで，受益者に内緒で信託を設定することも可能です（信法88②）。

  受益者に内緒の信託

信託の効力発生に際しては，受益者の承諾は必要とされていません（第3章3.1参照）。

そして，受益者として指定された者が受益権を取得したことを知らないときは，受託者は，その者に対し，受益者となった旨を通知しなければなりませんが，信託行為に別段の定めがあればその定めに従うとされています。したがって，信託行為に「受益者となった旨を受益者には通知しない」と定めておけば，受益者に内緒で信託を設定することができます（信法88②）。

ただし，他益信託で，信託の効力発生に際して適正対価の授受がない場合，税務上は，委託者から受益者に対して贈与等があったとみなされますが，受益者が知らなかったからといって，贈与税や相続税の申告・納税が免除されることはありませんし，信託期間中も受益者が信託財産を有するものとみなした課税がなされますので，これらの点には注意が必要です。

4.17 受益者・受益権

Q 受益権を譲渡することはできますか？

受益権は，原則として，自由に譲渡することができます。ただし，信託行為において譲渡が禁止されている場合や，受益権の性質上，譲渡することが許されない場合には，譲渡することができません（信法93①）。

● 受益権の譲渡

受益権の譲渡の可否は，図表4-10のとおりです。受益者は，原則として，自由に受益権を譲渡することができます（信法93①）。ただし，受益権が自由に譲渡されると，信託の目的を達成できなくなる場合もあることから，必要に応じて信託行為に譲渡制限等の規定を入れることを検討します（信法93②）。

図表4-10　受益権の譲渡

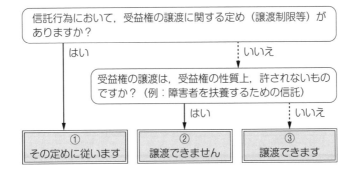

4.18 受益者・受益権

Q 受益権に質権設定することはできますか？

受益権には，原則として，自由に質権設定することができます。ただし，信託行為において質権設定することが禁止されている場合や，受益権の性質上，質権設定することが許されない場合には，質権設定することができません（信法96①）。

受益権の質権設定

受益権の質権設定の可否は，図表4-11のとおりです。受益者は，原則として，自由に受益権に質権設定することができます（信法96①）。したがって，受益者による自由な質権設定を望まない場合には，信託行為に質権設定の制限等の規定を入れておきます（信法96②）。

図表4-11 受益権の質権設定

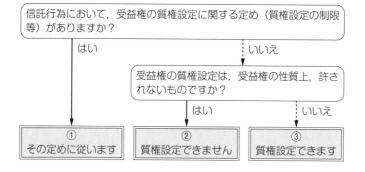

4.19 受益者・受益権

Q 受益者は1人しか定められませんか？

A 受益者は，同時に複数定めることができます。また，受益者が死亡した場合等の次の受益者を，あらかじめ定めておくこともできます。

受益者連続型信託

信託行為において，受益者が死亡した場合の次の受益者を定めておくことができます（受益者の死亡を受益者変更事由とする信託，いわゆる「後継ぎ遺贈型の受益者連続の信託」。信法91）。また，受益者の死亡以外の受益者の変更事由を定めておいたり，受益者を指定する権利や変更する権利を持つ者を定めておいたりすることもできます（信法89）。このような受益者が連続する信託のことを，「受益者連続型信託」といいます（相法9の3①）。

例えば，図表4-12のようなケースです。受益者連続型信託では，当初受益者である甲さんが持っている受益権が，甲さんの死亡によってあらかじめ指定された次の受益者の乙さんに，乙さんが亡くなった場合には丙さんにと順次承継されます。

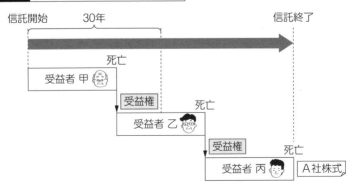

図表4-12 受益者連続型信託のイメージ

なお，受益権の承継回数に制限はなく，順次受益者を指定することができます。ただし，いわゆる「後継ぎ遺贈型の受益者連続の信託」については，信託期間に限りがあり，「最初の信託開始から30年を経過後に新たに受益権を取得した受益者が死亡した時点」で信託は終了します（信法91）。つまり，30年経過後は，受益権の新たな承継は一度だけ認められるということです。

また，信託設定時において，次の受益者が現存している必要はなく，例えば，まだ生まれていない孫を受益者として定めておくこともできます。

課税関係については，図表4-12の場合，甲が死亡したとき乙は直前の受益者である甲からの遺贈により受益権を取得したものとみなされ乙に相続税が，乙が死亡したとき丙は直前の受益者である乙からの遺贈により受益権を取得したものとみなされ丙に相続税が課税されます。なお，直前の受益者との関係次第では，相続税額の2割加算の対象となります（相法9の2②，ポイント解説⑨参照）。

受益者連続型信託の活用例

経営者の中には，自分の子の世代だけではなく，孫の世代の後継者についても決めておきたいという人がいます。例えば，自分の次は長男を後継者とするものの，長男の次は長男の子ではなく，より経営者としての資質のある「次男の子」を後継者にしたいという場合です。この場合，現経営者が自己を委託者兼当初受益者とする信託契約を締結し，自分の死亡後の受益者を長男，長男の死亡後の受益者を次男の子と定めておきます。

信託を活用しなければ，長男に遺言を書いてもらう方法が考えられますが，長男としては自分の子に承継させたいということも多く，親（現経営者）の死後に遺言を書き換えてしまう可能性があり，現経営者が望むような財産承継は不確実性が高いのです。このような場合には，信託を活用すれば，現経営者が望む財産承継が実現可能となります。

信託契約の場合，現経営者の存命中にその効力を発生させることができるため，死亡時まで効力が発生しない遺言とは異なり，書き換えリスクを廃除することができるためです。なお，長男から次男の子に財産が承継された場合，相

続税額の2割加算の対象となることには注意が必要です（相法18）。

この他，次のような場合にも受益者連続型信託を活用することがあります。

① 子がいない夫婦の場合に，自分の死亡後は配偶者に，配偶者の死亡後は配偶者の兄弟姉妹ではなく，自分の兄弟姉妹の子（甥姪）に財産を承継させたいとき（第2章の事例9参照）
② お世話になった方に特定の財産からの収入を帰属させたいが，その財産を換金されるのは嫌で，その方が死亡したら自分の身内に財産を戻したいとき
③ 離婚した元配偶者との間に子がいる場合に，その子には財産を承継させたいが，万が一その子に子（自分にとって孫）ができる前にその子が亡くなった場合には，元配偶者ではなく自分の兄弟姉妹に財産を承継させたいとき
④ 再婚する場合に，自分の死亡後は再婚相手（後妻）に，後妻の死亡後は先妻との間の子に財産を承継させたいとき

このように信託を活用すると，柔軟な財産承継を実現することができます。ケースバイケースではありますが，無用なトラブルを防止するため，単に信託行為に文面として残すだけではなく，生前から関係者に口頭でしっかり伝えて了解を得ておいたほうがいい場合もあります。

4.20 受益者・受益権

Q 受益者が破産した場合,信託はどうなりますか?

A 受益者が破産した場合には,その受益権は破産財団に属することになり,破産管財人によって換価されたあと,未納の税金の支払いや破産債権者への配当等に充てられます(破法34①他)。受益者が破産した場合には,信託の継続は難しい場合がほとんどであると考えます。

　受益者が有する受益権は,受益者の財産です。そして,破産者が破産手続開始時に有する一切の財産は,破産財団となります(破法34①)。したがって,受益者が破産した場合には,受益権は破産財団に属することになり,破産管財人によって換価されたあと,未納の税金の支払いや破産債権者への配当等に充てられることになります。

　信託の倒産隔離機能が働くのは,破産者が委託者又は受託者である場合です。受益者が破産した場合には,信託の継続は難しい場合がほとんどであると考えます。

第4章 信託に関するよくあるギモン

4.21 受益者・受益権

Q 受益者が死亡した場合，信託はどうなりますか？

受益者が死亡した場合，信託行為において信託終了事由として「受益者の死亡」が定められていれば信託は終了し，定められていなければ信託は継続します（信法163九）。

受益者が死亡した場合の信託の取扱い

受益者が死亡した場合の取扱いは，図表4-13のとおりです（税務上の取扱いは図表中の吹き出し参照）。

図表4-13 受益者が死亡した場合の取扱い

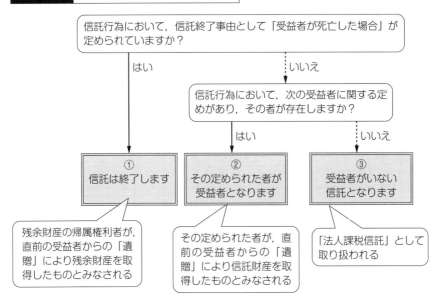

147

受益者がいない信託

　受益者の死亡が信託終了事由となっていない場合には，受益者の死亡後も信託は引き続き効力をもちます。しかし，信託行為に次の受益者に関する定めがないとき，又は定めはあるものの存在しないとき（まだ生まれていない孫が指定されている場合や，定められている者がすでに死亡している場合等）は，受益者段階で課税できないことから，税務上，「法人課税信託」として取り扱われます（法法２二十九の二ロ）。

　法人課税信託として取り扱われた場合，ポイント解説⑱のとおり，所得税のみなし譲渡課税や，法人税の受贈益課税，信託財産から生じる所得に係る法人税課税等，さまざまな課税が生じます。思わぬところで課税が生じたということのないよう，「受益者がいない信託」にならないように設定しておく必要があります。

ポイント解説⑱　法人課税信託（税務上の取扱い）

　本書が前提とする信託，つまり，家族や同族会社を信託の受託者とする，受益証券を発行しない信託については，税務上，受益者を信託財産の所有者とみなして課税関係を考えます（受益者等課税信託）。受益者等課税信託において，受益者の死亡時に，次に予定していた受益者が存在しない場合（かつ，その場合の予備的な受益者の定めもない場合）には，その信託は「受益者等課税信託」から「法人課税信託」へ移行し，さまざまな課税が生じます。

　例えば，図表４-14のようなケースです。委託者兼当初受益者である甲が亡くなったあとは，将来生まれてくると期待する「太郎の子」（甲の孫）が受益者になる旨を定めた信託契約があったとします。

　甲が亡くなった時点で，信託が継続しているにもかかわらず，次の受益者として指定された「太郎の子」がまだ生まれていない場合には，この信託は法人課税信託として取り扱われます（所法２八の三，法法２二十九の二ロ）。

　法人課税信託となった場合，税務上，太郎は図表４-15のように，信託財産と固有財産とにつき，それぞれ別の者とみなされます（所法６の２）。そして，受託者としての太郎は，個人であったとしても会社とみなされ，「受託法人」として取り扱われます（法法４の７三，所法６の３三）。つまり，太郎は「もともとの太郎」（個人）と「受託者としての太郎」（受託法人・会社）とで別の者として取り扱われます。

　このケースにおける課税関係は次のとおりです（図表４-16参照）。

　まず，(1)所得税法上，甲は亡くなったときに信託財産を受託者としての太郎（受

託法人・会社）に贈与したとみなされます（所法6の3七）。個人から法人に対して不動産の贈与があった場合は，所得税法上，時価による譲渡があったとみなされます（所法59①）。

　受託者としての太郎（受託法人・会社）においては，(2)無償で信託財産を取得することから法人税法上は時価で信託財産の受贈益課税がなされる（法法22②）ほか，(3)相続税法上は甲からの遺贈があったものとして相続税も課税されます（相法9の4②）。なお，(3)の相続税額から(2)の受贈益に係る法人税等相当額を控除することはできます（相法9の4④）。

　そして，(4)その後信託財産から生じる所得については，受託者である乙（受託法人）において，法人税課税がなされます（法法4④，4の6）。

　このように，当初は受益者等課税信託であったものが途中から法人課税信託へ移行した場合には，多大な税負担が生じる可能性がありますので，実務上は，将来的に「受益者がいない信託」とならないよう，例えば，予定していた受益者がすべて死亡したら信託は終了する旨の定めをしたり，あらゆるケースでの受益者を想定して定めておいたりするなど，注意して設計する必要があると考えます。

図表4-14　事　例

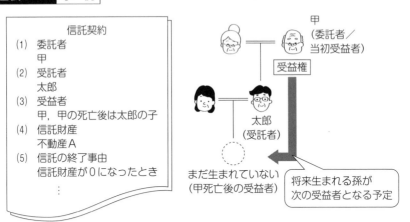

図表4-15　法人課税信託となった場合の受託者

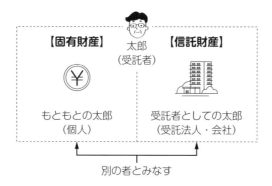

図表4-16　法人課税信託となった場合の課税関係

(1) 受託者としての太郎（受託法人・会社）に対して信託財産を贈与したものとみなされる
↓
法人に対する贈与として，**所得税のみなし譲渡課税の対象**となる
　※　所得税の準確定申告を行う

(2) 受託法人とされ，会社とみなされる
↓
無償で移転を受けたとみなされる信託財産について，**法人税の受贈益課税の対象**となる

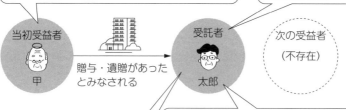

(3) 信託財産の遺贈を受けたものとみなされ，**相続税の課税対象**にもなる
　※　(2)で課税される法人税は控除される

(4) その後信託財産から生じる所得については，受託者である太郎（法人）において，**法人税課税**がなされる

4.22 信託財産

Q 借入は信託することができますか？

A 第3章3.3に記載のとおり，信託できる財産は積極財産（プラスの財産）に限られ，消極財産（マイナスの財産）は信託の対象となりません。ただし，委託者の借入について受託者が債務引受けをすることにより，実質的には借入も信託したのと同じ状態をつくることはできます。

 借入の信託

第3章3.3に記載のとおり，信託できる財産は積極財産（プラスの財産）に限られ，消極財産（マイナスの財産）は信託の対象となりません。

ただし，例えば，不動産（プラスの財産）を信託したい場合に，それに係る借入（マイナスの財産）だけ手許に残っても困る場合があります。こういった場合には，不動産のみを信託財産とし，借入については受託者が債務引受けをすることにより，実質的には消極財産も信託したのと同じ状態をつくることができます（図表4-17参照）。

この場合，信託財産から返済を行うためには，信託行為において，その借入を信託財産責任負担債務とする旨の定めが必要です（信法2⑨，21①三）。

なお，その借入が金融機関からのものであるときは，実務上は事前に金融機関に通知し，金融機関の意思をくんだ信託行為とすることがあります（本書執筆時点においては，すべての金融機関が必ずしも民事信託に精通しているわけではなく，説明に時間を要することや理解を得られないこともありますので，注意が必要です）。

図表4-17　消極財産の債務引受け

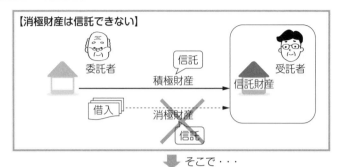

【消極財産は信託できない】

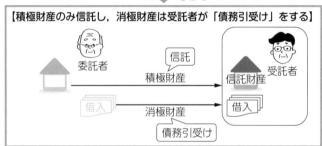

【積極財産のみ信託し，消極財産は受託者が「債務引受け」をする】

4.23 信託財産

Q 抵当権が設定されている不動産が信託された場合，その抵当権者は不利な扱いを受けることになるのでしょうか？

A 抵当権が設定されている不動産が信託された場合，受託者は，その抵当権に係る債務につき，信託財産から返済する責任を負います（信法2⑨，21①二）。さらにその抵当権に係る債務については，信託財産だけではなく，受託者の固有財産も引当財産となるため，信託があったことにより抵当権者が不利な扱いを受けることはないと考えます（信法2⑨，21）。

信託財産責任負担債務

図表4-18のように，信託前から抵当権が設定されている不動産を信託した場合，その抵当権に係る債務については，受託者は信託財産から支払う責任を負います（信法21①二）。

このように，受託者が信託財産から支払う責任を負う債務のことを，「信託財産責任負担債務」といいます（信法2⑨）。

信託財産責任負担債務については，信託財産だけではなく，基本的に受託者の固有財産もその引当財産となります（信法21）。

図表4-18 抵当権が設定されている不動産が信託された場合

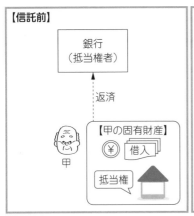

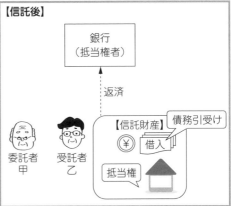

4.24 信託の実務

Q 信託事務を処理するために必要な費用はどこから支出しますか？

  信託事務を処理するために必要な費用は，原則的には信託財産から直接支出しますが，受託者がいったん立て替えて後で信託財産と精算したり，受託者が信託財産から前払を受けたりすることもできます（信法48①②）。なお，受益者の合意があれば，受託者は立て替えた費用を受益者と精算したり，受益者から前払を受けたりすることもできます（信法48⑤）。ただし，いずれの場合も，信託行為に別段の定めがあれば，その定めによります（信法48①〜④）。

信託事務を処理するための費用の支出

(1) 原則

信託事務を処理するために必要な費用は，原則として，必要な都度，信託財産から直接支出します。

(2) 例外1（受託者が固有財産から支出した場合）

受託者は，信託事務を処理するために必要な費用を固有財産から支出した場合には，信託財産又は受益者（受益者との間の合意がある場合に限る）からその費用及び支出の日以後におけるその利息の償還を受けることができます（信法48①⑤）。

(3) 例外2（受託者が費用の前払を受ける場合）

受託者は，信託事務を処理するために費用がかかるときは，受益者に対し前払を受ける額及びその算定根拠を通知した上で，信託財産又は受益者（受益者との間の合意がある場合に限る）から費用の前払を受けることができます（信法48②③⑤）。

4.25 信託の実務

Q 信託の倒産隔離機能とは何ですか？

信託財産のうち登記又は登録をすることができる財産は信託の登記又は登録をすることにより，また，それ以外の財産については外形上区別することができる状態で保管する方法等により，分別管理されます。これにより，信託開始後，委託者や受託者が破産するなどしたとしても，信託財産には影響を与えません（信法23①，25①）。これを信託の倒産隔離機能といいます。

信託の倒産隔離機能3パターン

(1) 委託者が破産した場合

信託の設定により，信託財産は受託者に属する財産となります（信法2③，3）。したがって，信託後に，委託者が破産手続開始の決定を受けた場合であっても，信託財産は破産財団には属しません（図表4-19参照）。

図表4-19　委託者が破産した場合

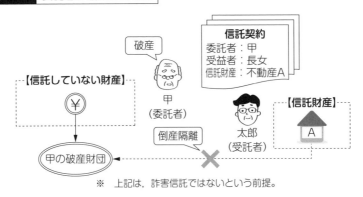

※　上記は，詐害信託ではないという前提。

(2) 受託者が破産した場合

信託の設定により，信託財産は受託者に属する財産となりますが，受託者の固有財産からは独立した財産，つまり財産としての独立性を有します。したがって，受託者が破産手続開始の決定を受けた場合であっても，信託財産は破

産財団には属しません。(信法25①,図表4-20参照)。

図表4-20 受託者が破産した場合

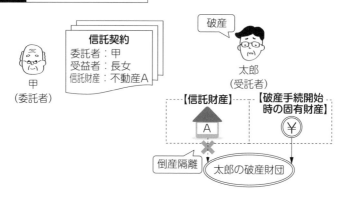

(3) 受益者が破産した場合

上記(1)(2)とは異なり,受益者が破産等した場合には,「受益権」は受益者にとって「財産」であるため,受益権は受益者の破産財団に属することになります。

 詐害信託の禁止

債務者である委託者が,その債権者を害することを知ってした信託のことを「詐害信託」といいます（民法424,信法11①）。詐害信託があった場合には,委託者の債権者等は,信託の取消しを裁判所に請求すること等ができるため,基本的に,信託の倒産隔離機能は働きません（信法11,23②③）。

4.26 信託の実務

Q 信託したい財産を特定するために信託契約に預金の口座番号を記載すると，信託契約そのものが無効になりますか？

A 筆者が確認できた限りでは，預金の口座番号の記載があるというだけでその信託契約が無効となるとはされてはいません。預金の口座番号の記載がある信託契約においては，委託者等の解約権限のある者が預金口座を解約して払い戻しを受け，一度金銭にした上で，新たに開設した受託者の口座に預け入れること等により，信託を実行できています（TACTニュースNo.750）。

預金債権の譲渡禁止特約

銀行では，譲渡性預金を除き，預金者との取り決め（規定）により，預金債権の譲渡禁止の特約（以下，「譲渡禁止特約」）を設けています。これは，銀行としては預金者を特定しておく必要があり，また貸出金との相殺がある場合等があることから，自由に譲渡されることを防止するためです。

なお，金融機関が譲渡につき承諾をすればこの譲渡禁止特約は解除されます。

信託の方法

信託行為（信託契約，遺言，信託宣言）のうち，信託契約と遺言による信託は，委託者から受託者への信託時の財産の移転は譲渡と位置づけられます（信法3）。したがって，信託契約や遺言においては，譲渡が禁止・制限されている財産につき信託時の信託財産とすることができない場合があります（自己信託の場合も，ある財産の譲渡が禁止・制限された目的等によっては，自己信託の設定につき否定的にみる向きもあります）。

実務上の対応

信託契約や遺言により預金債権を信託した場合，その行為は法律上譲渡と認識されるため，譲渡禁止特約に抵触します。したがって，信託設定時の財産と

しては，預金債権（口座番号等）を記載するのではなく，「金銭XXX円」と記載することが望ましいと考えます。

しかし，例えば，停止条件付の信託契約の場合や遺言による信託の場合には，将来の信託の効力発生時にいくらの金銭残高があるか予想できず，信託行為に具体的な金額を明記することが難しい場合もあります。そこで，実務上は，信託財産を特定するために必要な記載として，預金の口座番号を記載することがあります。

これについて，信託行為に預金の口座番号を記載した場合には，信託行為そのものが無効となるという主張がありますが，筆者が民事信託に対応している大手銀行等に問い合わせた限り，本書執筆日現在の銀行実務では，例えば，「預金債権の信託」ではなく「預金口座内の"金銭"の信託」と解釈し，委託者等の解約権限のある者が信託の効力発生に際して預金口座を解約して払い戻しを受け，一度金銭にした上で，新たに開設した受託者の口座に預け入れること等により，信託を実行できています。

ただし，筆者はすべての金融機関の取扱いを確認したわけではないため，上記の取扱いは金融機関によって異なる可能性がありますし，信託行為の条項等によっては金融機関が解約に対応できないことも考えられます。また，不仲の相続人がいる場合等には，信託財産の解釈をめぐってトラブルになる可能性もあります。

まずは，信託する金銭の額を明記することを検討し，それが難しい場合には，例えば，信託財産目録に預金債権そのものの信託ではなく「X現在のX銀行X支店普通預金口座（口座番号XXX）内の残高相当額の金銭」の信託である旨を記載したり，信託行為の作成段階において金融機関に対応の可否を確認したりしておくと安心です。

4.27 信託の実務

Q 信託終了後の清算について教えてください。

A 信託が終了した場合には，原則として，清算受託者が信託の清算をします（信法175）。清算受託者の職務は，①現務の結了，②信託財産に属する債権の取立て及び信託債権に係る債務の弁済，③受益債権に係る債務の弁済，④残余財産の給付です。

● 信託の存続の擬制

信託は，終了後も清算が結了するまでは存続しているものとみなされます（信法176）。

● 清算受託者の職務

信託終了後の受託者を，「清算受託者」といいます。清算受託者の職務は，次の①から④のとおりです。

①　現務の結了
②　信託財産に属する債権の取立て及び信託債権に係る債務の弁済
③　受益債権に係る債務の弁済
④　残余財産の給付

なお，③の受益債権は②の信託債権に劣後します。また，②及び③の債務を弁済した後か，その債務についてその弁済をするために必要と認められる財産を留保した場合でなければ，④の給付をすることができません（信法101，177，181）。

受託者と清算受託者の職務等については，図表4-21のとおりです。

● 清算受託者の職務の終了

清算受託者は，その職務を終了したときは，遅滞なく，信託事務に関する最

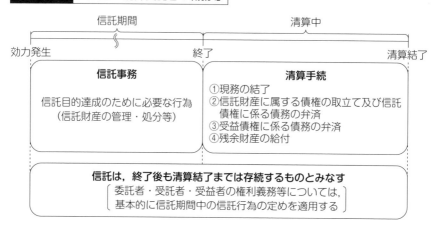

終の計算を行い，信託が終了した時における受益者（信託管理人が現存する場合には信託管理人）及び帰属権利者（以下，「受益者等」）のすべてに対し，その承認を求める必要があります。

受益者等がこの承認を求められた時から1ヶ月以内に異議を述べなかった場合には，承認したものとみなされます（信法184）。

 帰属権利者

帰属権利者は，信託の清算中は受益者とみなされます（信法183⑥）。

ポイント解説⑲　遺留分制度を潜脱する意図で利用された信託（東京地裁 H30.9.12）

平成30年9月12日，父（平成27年2月18日死亡）がその死亡の13日前に締結した信託契約で，父死亡後の二次受益者である長男（原告）に遺留分相当の受益権を付与したものにつき，信託財産の内容等から，信託財産の一部を無効とし，また有効な部分に対する遺留分減殺請求の対象は信託財産ではなく受益権であるとする東京地裁判決がありました。

遺留分制度を潜脱する（遺留分制度による規制を免れる）意図のある信託につい

ては,このように後になって信託の有効性が争われるリスクがあります。そして,遺留分減殺がされた場合には,その後の信託の運営がうまくいかなくなる可能性もあります。信託に際しては,遺留分権利者が受ける経済的利益にも配慮して設計したり,遺言書を作成したりする必要があると考えます。

1．家族構成・事件当事者・長男の遺留分

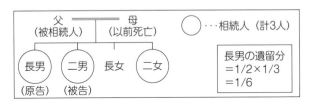

2．主な時系列

H27.1.25〜1.31	父は精査目的で入院。胃がんの末期状態であり,数日内にも死亡する可能性があるとの診断を受ける
H27.2.1	父は二女及び二男と死因贈与契約を締結(二女に全財産の1/3,二男に全財産の2/3)
H27.2.5	父(委託者兼当初受益者)は二男(受託者)と信託契約を締結(信託目的:二男の直系による父死亡後の円滑な財産承継(筆者要約),信託財産:父所有の全不動産＋金銭300万円,二次受益者:二女1/6・長男1/6・二男4/6)
H27.2.18	父死亡
H28.1.23	長男が二男にH27.2.1の死因贈与及びH27.2.5の信託に対する遺留分減殺請求
相続後	相続税の納税資金捻出のため,相続人全員の合意により一部不動産(下記4①)を売却し,売却代金を信託の受益権割合に従って分配

3．長男の請求
① 主位的請求
　平成27年2月5日に信託された不動産の所有権移転・信託登記の抹消,遺留分減殺請求に伴う所有権一部移転登記,共有持分権の確認他。
② 予備的請求
　平成27年2月1日の死因贈与契約に係る遺留分減殺請求他。

4．被相続人の主な財産と裁判所の判断

裁判所は，下記③及び④の不動産について，これらから得られる経済的利益を分配することは信託当時より想定していなかったものと認めるのが相当であるとし，また，これらを信託の目的財産に含めたのは，外形上，長男に対して遺留分割合に相当する割合の受益権を与えることにより，これらの不動産に対する遺留分減殺請求を回避する目的であったと解さざるを得ない等とし，次の判断を示しました（判決の結果の各財産の取得状況は図表4-22参照）。

	財産の内容	裁判所の判断
信託財産	①納税資金用不動産	売却・運用の予定されている不動産については，受益者たる長男に信託財産より発生する経済的利益を与えるものであり，遺留分制度の潜脱とは認められないため，信託は有効
	②賃貸不動産＋300万円	
	③自宅等	経済的利益の分配が想定されない不動産を目的財産に含めた部分は，遺留分制度を潜脱する意図で信託制度を利用したものであって，公序良俗に反して信託は無効。ただし，死因贈与は有効
	④ほぼ無価値の土地	
⑤その他		死因贈与は有効

5．遺留分の減殺の対象

裁判所は，信託契約による信託財産の移転は，信託目的達成のための形式的な所有権移転にすぎないため，実質的に権利として移転される受益権を遺留分減殺の対象とすべきと判断しました。

図表4-22　父の財産と東京地裁判決の結果

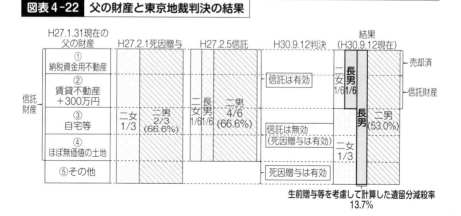

第 5 章

どうなる !?
一般社団法人の
取扱い

> 一般社団法人って一体ナニ？

> 第 5 章では，一般社団法人の取扱いについて解説します。

5.1 概　要

Q　一般社団法人について教えてください。

A　平成20年12月1日，いわゆる公益法人関連3法※が施行され，新しい公益法人制度がスタートしました。旧制度と現行制度との違いは次のとおりです。

※　「一般社団法人及び一般財団法人に関する法律」，「公益社団法人及び公益財団法人の認定等に関する法律」，「一般社団法人及び一般財団法人に関する法律及び公益社団法人及び公益財団法人の認定等に関する法律の施行に伴う関係法律の整備等に関する法律」

旧制度（〜H20.11.30）

(1) 公益法人制度上の取扱い

旧制度では，「社団法人」は，主務官庁によって公益性が認められなければ設立許可が下りませんでした。また，例えば国際協力を行う場合は外務省，漁業関係の場合は農林水産省…といったように主務官庁がバラバラで設立の許可基準もバラバラでした。そして，主務官庁が厳しければ何年も設立できないといったように，設立のハードルが極めて高い制度でした（旧民法34）。

(2) 法人税法上の取扱い

「社団法人」は営利を目的としないことが前提であったため，法人税法上も，「社団法人」はすべて<u>公益法人等</u>として取り扱われていました。つまり，法人税法施行令で定められている34業種の収益事業についてだけ課税され，それ以外の事業は非課税（以下，「収益事業課税」）とされていました（図表5－1参照）。

図表5－1　旧制度

【公益法人制度上】　　　　　　　　　　　　【法人税法上】

設立許可｛　社団法人　｝公益法人等　➡　収益事業課税

第5章 どうなる!? 一般社団法人の取扱い

 現行制度（H20.12.1～）

(1) 公益法人制度上の取扱い

　公益法人関連3法の施行により，主務官庁制度は廃止され，法人格を持つ社団は，「民法」ではなく「一般社団法人及び一般財団法人に関する法律」に基づいて設立されることになりました。現行制度では「設立」と「公益性の認定」とが切り離され，設立は登記だけでできるようになり，社団法人の設立のハードルが下がりました。現行制度の社団法人は「一般社団法人」と「公益社団法人」との2階建ての制度となっています。

1階：「一般社団法人」は，定款を作成して登記をすることによって設立される（一般法10，22）

2階：「一般社団法人」のうち公益目的事業を行うことを主たる目的とする法人は，行政庁（内閣総理大臣又は都道府県知事）に公益認定の申請をし，18の認定基準を満たして認定を受けられれば，「公益社団法人」となる（公益法5，6）

---

(2) 法人税法上の取扱い

　法人税法上は，図表5－2のとおり，3階建ての制度となっています（主な課税の取扱いは，図表5－3参照）。

1階：一般社団法人のうち2階以外の法人（登記をして設立したものの，非営利事業をしていない，親族だけで運営をしているような一般社団法人）は，法人税法上，<u>普通法人</u>として，株式会社と同じようにすべての所得に対して課税される

2階：公益認定を受けていない一般社団法人のうち，次頁に記載する非営利型法人（非営利徹底型又は共益型）の要件を満たすものは，法人税法上，<u>公益法人等</u>として収益事業課税が適用される

3階：法人税法上，公益社団法人は，すでに行政庁が公益性を認定していることを尊重し，法人税法上，<u>公益法人等</u>として収益事業課税が適用される（ただし，公益目的事業については，収益事業であっても非課税となる）

　なお，本書は，上記1階の普通法人型の法人を前提としています。

165

図表5-2　現行制度

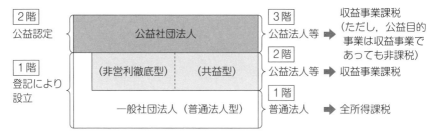

 （参考）非営利徹底型・共益型の要件（法法2九の二，法令3①②）

(1) 特定の者に利益を与えない法人で，運営組織が適正なもの（非営利徹底型）

① 定款に剰余金の分配を行わない旨の定めがあること。
② 定款に解散したときはその残余財産が国もしくは地方公共団体又は類似の公益法人等に帰属する旨の定めがあること。
③ 上記①②の定款の定めに反する行為（特定の個人又は団体に特別の利益を与えることを含む）を行うことを決定し，又は行ったことがないこと。
④ 各理事について，その理事及びその理事の配偶者又は3親等以内の親族その他のその理事と特殊の関係のある者である理事の合計数の理事の総数のうちに占める割合が，3分の1以下であること。

(2) 会費による共益的活動を図る法人で，運営組織が適正なもの（共益型）

① その会員の相互の支援，交流，連絡その他の当該会員に共通する利益を図る活動を行うことをその主たる目的としていること。
② その定款に，その会員が会費として負担すべき金銭の額の定め又は当該金銭の額を社員総会もしくは評議員会の決議により定める旨の定めがあること。
③ その主たる事業として収益事業を行っていないこと。
④ その定款に特定の個人又は団体に剰余金の分配を受ける権利を与える旨の定めがないこと。
⑤ その定款に解散したときはその残余財産が特定の個人又は団体（国等を除く）

に帰属する旨の定めがないこと。
⑥　特定の個人又は団体に剰余金の分配その他の方法により特別の利益を与えることを決定し，又は与えたことがないこと。
⑦　各理事について，当該理事及び当該理事の配偶者又は3親等以内の親族その他の当該理事と財務省令で定める特殊の関係のある者である理事の合計数の理事の総数のうちに占める割合が，3分の1以下であること。

図表5-3　主な課税の取扱い

	法人税法上の区分		
	3階 公益社団法人	2階 一般社団法人 （非営利徹底型・共益型）	1階 一般社団法人 （普通法人型）
課税対象	収益事業課税 （ただし，公益目的事業に該当するものは，収益事業であっても非課税）	収益事業課税	全所得課税
みなし寄附金損金算入限度額（注1）	次のいずれか多い金額 ①所得金額の50% ②公益目的事業の実施に必要な金額	なし	なし
法人税率	中小法人（注2）と同じ税率	中小法人（注2）と同じ税率	中小法人（注2）と同じ税率
金融資産収益（注3）　法人税	収益事業から生じるもののみ課税	収益事業から生じるもののみ課税	課税
金融資産収益（注3）　所得税（源泉徴収）	非課税（なし）	課税（あり）	課税（あり）
寄附者に対する優遇措置	あり	なし（注4）	なし

（注1）「みなし寄附金」とは，収益事業に属する資産のうちから収益事業以外の事業のために支出した金額がある場合には，その支出した金額を寄附金の額とみなして，寄附金の損金算入限度額の範囲内で損金算入を認めるもの。
（注2）期末資本金が1億円以下の法人。
（注3）法人税の課税対象となる利子・配当等の金融資産収益については，所得税額控除又は所得税額の還付の規定の適用があります。
（注4）非営利徹底型法人に対して寄附をした個人については，一定要件のもと譲渡所得等の非課税規定があります（措法40①）。

（出典：財務省ホームページをもとに作成）

5.2 概　要

Q 一般財団法人との相違点について教えてください。

A 　一般社団法人と一般財団法人は，ともに「一般社団法人及び一般財団法人に関する法律」を根拠法とする法人です。

 一般社団法人と一般財団法人の相違点

一般社団法人と一般財団法人の主な相違点は，図表5-4のとおりです。

(1) 一般社団法人は「人の集合体」，一般財団法人は「財産の集合体」

一番の相違点は，一般社団法人は"人の集合体"に対して法人格が付与されたものであり，一般財団法人は"財産の集合体"に対して法人格が付与されたものであることです。

(2) 一般社団法人は社員2人以上で設立，一般財団法人は300万円以上の財産の拠出で設立

上記の特徴より，設立にあたっては，一般社団法人は"人"に着目して社員

図表5-4　一般社団法人と一般財団法人の比較

	一般社団法人	一般財団法人
特徴	◆人の集合体に対して法人格が付与されたもの	◆財産の集合体に対して法人格が付与されたもの ◆「目的」と「評議員の選任・解任方法」は，変更に制限がある
設立	◆社員2人以上が必要	◆300万円以上の財産の拠出が必要
機関設計	◆必置：理事（1人以上でOK），社員総会 ◆任意：理事会，監事，会計監査人	◆必置：評議員（3人以上），理事（3人以上），監事，評議員会，理事会 ◆任意：会計監査人
共通点	◆持分のない法人 ◆定款において，社員（一般社団法人の場合）・設立者（一般財団法人の場合）に剰余金・残余財産の分配をする旨の定めはできない	

図表5-5 一般社団法人と一般財団法人のイメージ

2人以上で設立，一般財団法人は"財産"に着目して300万円以上の財産の拠出により設立となります。ただし，実際は人やお金が集まっただけでは，サークルなどとの違いがわからないため，一般社団法人にしても一般財団法人にしても，定款を作成して，登記をすることで初めて設立となります（図表5-5参照）。

なお，ここでいう「社員」とは，従業員のことではなく，一般社団法人のメンバーといった意味合いです。また，自然人だけでなく法人も社員となることができます。

一般社団法人の例としては，青年会議所，医師会，日本経済団体連合会（経団連）などを，一般財団法人の例としては，奨学金財団などをイメージしていただければわかりやすいでしょう。

(3) **一般社団法人の機関設計は理事1人以上でOK，一般財団法人の機関設計は理事等最低7人が必要**

一般社団法人の機関設計は少なくとも理事が1人必要とされています（社員は設立後は1人となってもかまわず，社員が理事になることもできます）。一般財団法人の機関設計は少なくとも評議員3人，理事3人，監事1人，合計7人が必要とされています（一般法60，160，170）。

理事とは，株式会社でいう取締役のような役職で，一般社団法人や一般財団法人の業務を執行する人（自然人）のことをいいます。また，株式会社には株主総会という最高意思決定機関がありますが，一般社団法人の最高意思決定機関は社員総会，一般財団法人の最高意思決定機関は評議員会です。

　このように一般社団法人と一般財団法人とを比較してみてみると，家族で運営する場合には，一般社団法人のほうが一般財団法人より機関設計がコンパクトである分，運用しやすいケースが多いと考えられます。以上のことから，本書では一般社団法人に絞って説明をしていきます。

(4)　持分のない法人である（共通）

　株式会社の場合は「出資」に伴って株式が発行され，各株主はその有する株式数に応じて株式会社に対して「持分（割合的権利)」を持っています。一方，一般社団法人は人の集合体に対して，一般財団法人は財産の集合体に対して法人格が与えられているもので，いずれも「出資」や「持分」という概念はありません。

　持分がないとどうなるかについては，本章5.6～5.10で解説します。

(5)　社員・設立者に剰余金・残余財産の分配をする旨の定めができない（共通）

　上記(4)のとおり，そもそも「出資」や「持分」という概念がありませんので，「剰余金の分配」や「残余財産の分配」という概念もありません。仮に定款で定めたとしてもその定めは無効とされます。

　解散した場合の残余財産の帰属については，本章5.12で解説します。

ポイント解説⑳　一般社団法人と株式会社

　一般社団法人と株式会社の主な相違点は，図表5-6のとおりです。一般社団法人の設立にあたっては，社員が2人以上必要とされていますが，設立後は1人となってもいいことになっています。なお，社員がゼロとなった場合は解散事由となります。

　事業内容については，株式会社は営利事業を行うことが前提ですが，一般社団法人の事業は営利事業に限っていないため，一般社団法人のほうが活動範囲としては広い（あくまで理論上ですが）といえます。

　機関設計は，名称の違いはあるものの，基本的構造はほぼ同じです。

　資金調達方法としては，出資という概念がない一般社団法人では，活動に要する基本的資金を，「基金」（利息の支払いは不可）により受け入れることができます。また，資金を通常の借入により調達した場合には，株式会社等が借入をする場合と同様に，利息を支払い，かつ，返済をする必要があります。

　一般社団法人と株式会社の大きな違いは，一般社団法人が「持分のない法人である」という点と，「定款において，社員に剰余金・残余財産の分配をする旨の定めができない」という点です。この2点は株式会社とは違う大きな特徴になりますので，本章5.6～5.12で掘り下げて解説します。

図表5-6　一般社団法人と株式会社の比較

	一般社団法人	株式会社
設立	◆社員2人以上で設立	◆株主1人以上からの出資により設立
事業内容	◆制限なし	◆制限なし（基本的に営利事業）
機関設計	◆必置：理事（1人以上でOK），社員総会 ◆任意：理事会，監事，会計監査人	◆必置：取締役（1人以上でOK），株主総会 ◆任意：取締役会，監査役，監査役会等
資金調達	◆借入 ◆基金	◆借入 ◆株主からの出資
持分	◆なし	◆あり
配当等	◆定款において，社員に剰余金・残余財産の分配をする旨の定めはできない	◆可能

一般財団法人の活用メリット

　一般財団法人の顕著な特徴として，図表5-4に記載のように，「目的や評議員の選任・解任方法は，変更に制限がある」というものがあります。

　例えば，奨学金財団をイメージしてみてください。設立者の「このお金を優秀な学生に対する奨学資金の貸与のために活用してほしい」という目的のもと，その財産に法人格が付与され財団法人が設立されたとします。設立者が亡くなった後，そのせっかくの目的が変更されたり，理事が恣意的に業務執行をして財産を好き勝手に使ったりしては困るわけです。そこで，一般財団法人の「目的」は基本的に変更できません。また，評議員には理事の選任・解任，計算書類の承認，定款の変更等の意思決定権等の重要な権限が与えられていますので，この「評議員の選任・解任方法」も，一般財団法人の運営に設立者の意思を反映させ続けるために，当初設立者が定めた方法から変更することは基本的にできません。

　つまり，この「目的等の変更に制限があり，創立者の意志が半永久的に実現される」という特徴を活かしたい場合等には，一般財団法人の活用メリットがあります。

 一般社団法人と信託をセットで活用すると…

　一般財団法人の「目的の変更に制限がある」という特徴を，「設立者から託された目的に従って財産を管理する」と言い換えると，一般財団法人は信託の受託者（委託者から託された目的に従って財産を管理する）のような存在であるということがわかります。そこで，一般社団法人を信託の受託者とすると，一般財団法人よりもシンプルな機関設計で，一般財団法人を活用する場合と同じような効果を得られる場合があります。

5.3 概　　要

Q 一般社団法人の社員とはどのようなものですか？

A 社員とは一般社団法人の構成員のことで，設立時には最低2人以上が必要です。その他，入社・退社等について決まりがあります。

● 社　員

　一般社団法人における「社員」とは，"一般社団法人の構成員（メンバー）"のことをいい，"会社の従業員"という意味で使われる社員とは異なります。
　一般社団法人の最高意思決定機関は社員総会です。「社員」は社員総会の構成員として議決権を行使する，つまり一般社団法人の組織，運営，管理その他一般社団法人に関する一切の事項について決議することによって，その運営に参加します（一般法35①）。

● 社員の人数

　設立時には最低2人以上の社員が必要です。しかし，設立後は1人となってもかまいません。ただし，社員がゼロとなってしまうと一般社団法人は解散することになるため，思わぬところで解散が生じないように注意が必要です（一般法148①四）。なお，社員には自然人だけでなく，法人もなることができますので，株式会社などの法人を社員に加えておけば，自然人である社員全員が死亡したとしても，一般社団法人を存続させることができます。

● 議決権

　社員の議決権は，原則として1人1議決権です。ただし，定款で別段の定めをすることもできます（一般法17，48）。
　一般社団法人は，定款による内部自治が尊重されますので，法令に反しない事項については，定款に規定をおくことで柔軟な運営をすることができます。

 入　　社

　社員の入社に関する規定は，定款の必要的記載事項とされ，社員となることができる資格や入社の手続方法は，定款で自由に定めることができます（一般法11①五）。したがって，定款の記載により，親族以外の者の入社を排除することも可能ですし，親族であっても社員の総意がなければ入社できないとすることも可能です。

 退　　社

⑴　任意退社

　社員は，原則としていつでも退社する（辞める）ことができます。ただし，いつでも自由に辞められると一般社団法人の存続に影響することがあるため，「病気療養等のやむを得ない事由がある場合を除き，退社することはできない」とするなど，定款において別段の定めをすることもできます（一般法28）。

⑵　法定退社（一般法29）

　次の事由があった場合には，社員は退社することになります。

◆　定款に定めた事由の発生
◆　総社員の同意
◆　死亡（社員が自然人の場合）又は解散（社員が法人の場合）
◆　除名

 除　　名

　社員は正当な事由がある場合には，社員総会の決議によって，他の社員を除名することができます（一般法30）。

5.4 概　要

Q 一般社団法人の機関設計について教えてください。

A パターンは5通りあり，最低限，社員総会と理事1人が必要になります。

機関設計

一般社団法人の機関設計のパターンは，図表5-7の①から⑤までの5通りです。最低限，①のように社員総会と理事1人が必要です。

図表5-7　機関設計のパターン

	社員総会	理事	理事会	監事	会計監査人
①	○	○	—	—	—
②	○	○	—	○	—
③	○	○	—	○	○
④	○	○	○	○	—
⑤	○	○	○	○	○

社員総会（必置）

社員総会は，理事や監事の選任・解任等を行う機関であり，株式会社における株主総会のようなものです。

社員総会でしか決議できない事項

社員総会の決議が必要とされている主な事項は次のとおりです。

- ◆ 社員の除名（一般法30）
- ◆ 役員・会計監査人の選任（一般法63）
- ◆ 役員・会計監査人の解任（一般法70）

- ◆ 責任の一部免除（一般法113）
- ◆ 基金の返還（一般法141）
- ◆ 定款の変更（一般法146）
- ◆ 解散（一般法148）

理事（必置）

　理事は，株式会社における取締役のような存在で，業務に関する決定権と業務執行権を持ち，社員がなることもできます。

その他の機関（任意）

　社員総会及び理事以外の機関としては，定款の定めにより，理事会，監事又は会計監査人を置くことができます（一般法60②）。監事は株式会社における監査役のようなものです。理事会を設置する場合と会計監査人を設置する場合には，監事を置く必要があり，大規模一般社団法人（貸借対照表の負債の合計額が200億円以上の一般社団法人）は，会計監査人を置く必要があります（一般法2二，61，62）。

任　期

(1)　理事（一般法66）

　理事の任期は，選任後2年以内に終了する事業年度のうち最終のものに関する定時社員総会の終結の時までです。ただし，定款又は社員総会の決議により，その任期を短縮することができます。

(2)　監事（一般法67）

　監事の任期は，選任後4年以内に終了する事業年度のうち最終のものに関する定時社員総会の終結の時までです。ただし，定款により，その任期を選任後2年以内に終了する事業年度のうち最終のものに関する定時社員総会の終結の時までとすることを限度として短縮することができます。

第5章　どうなる!?　一般社団法人の取扱い

5.5　概　要

Q　一般社団法人の会計・税務について教えてください。

A　家族で運営しているような一般社団法人の場合には，会計も税務も基本的には株式会社と同様に処理しますが，理事が死亡したときは，その一般社団法人を個人とみなして相続税が課税されるため留意が必要です。

適用される会計基準

一般社団法人に対して特別に適用が義務づけられている会計基準はなく，「一般に公正妥当と認められる会計の基準その他の会計の慣行をしん酌しなければならない」とされています（一般規21）。そのため，公益法人会計基準に限らず，企業会計の基準を適用することも可能です。ただし，法令に則った会計帳簿や計算書類等を作成する必要があります（一般法120①，123②，一般規22，26）。

計算書類等及びその保存期間
（一般法123②，一般規34）

一般社団法人においては，次の計算書類等の作成が必要であり，①及び②については，作成時から10年間の保存義務があります（一般法123④）。

---

① 貸借対照表及びその附属明細書
② 損益計算書及びその附属明細書
　損益計算書は，収支ベースではなく損益ベースでの作成が必要です。
③ 事業報告書及びその附属明細書
　事業報告書には，一般社団法人の状況に関する重要な事項や，コンプライアンスについての決定・決議がある場合はその概要を記載します。

177

監査の必要性

　大規模一般社団法人（直前期の貸借対照表の負債の合計額が200億円以上の一般社団法人）は，会計監査人を置かなければなりませんが，それ以外の一般社団法人の場合は，会計監査人の設置義務はありません。なお，定款の定めによって，任意で会計監査人を設置することはできます（一般法60，62）。

 法人税法上の主な留意点

(1) **概　　要**
　家族で運営しているような一般社団法人を前提とする場合，法人税法上は，公益法人等ではなく普通法人となります（本章5.1参照）。剰余金の分配をすることができないことや，持分がないこと以外は，基本的に株式会社と同様です（本章5.1図表5-3参照）。

(2) **法人税の課税対象**
　株式会社と同様にすべての所得が課税対象です。

(3) **法人税率**
　期末資本金額が1億円以下の中小法人と同じ税率が適用されます。

(4) **寄附者に対する優遇措置**
　寄附者に対する税優遇はありません。

(5) **その他**
　公益社団法人や一般社団法人（非営利型）との違いについては本章5.1図表5-3を参照してください。

 相続税法上の主な留意点

　家族で運営しているような一般社団法人の同族理事が死亡した場合には，その一般社団法人を個人とみなして相続税が課税されます（本章5.8参照）。

第5章 どうなる!? 一般社団法人の取扱い

5.6 特徴①「持分のない法人」

Q 持分がないということのポイントを教えてください。

A 財産移転時や移転後の相続における課税関係に特徴があるほか，安定株主としての機能や倒産隔離機能があります。

● 財産移転時の課税関係

　一般社団法人へ財産を移転する際，贈与や遺贈により実行すると租税回避防止規定が適用されます（本章5.10参照）。租税回避防止規定の適用を受けないようにするためには，適正対価による譲渡により実行します（図表5-8参照）。

図表5-8 財産移転時の課税関係

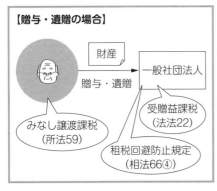
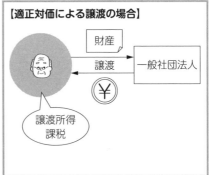

● 財産移転後の相続における課税関係

(1) 社員の死亡

　一般社団法人に対して，適正対価による譲渡ではなく，贈与や一次相続における遺贈により財産を移転し，みなし譲渡課税や法人税の受贈益課税の適用を受け，さらには仮に租税回避防止規定の適用を受けたとしても，現行法令では，その後の社員の死亡の際には，その一般社団法人に対して移転した財産につい

ては，相続税の課税対象からは除外されると考えられます。社員の地位の財産性については，本章5.7参照）。

(2) 理事の死亡

理事が死亡した場合において，理事の過半数をその親族が占めているときは，一般社団法人を個人とみなし，純資産額のうち一定額をその死亡した理事から遺贈により取得したものとみなして，その一般社団法人に相続税が課税されます（本章5.8参照）。

  安定株主としての機能

図表5-9（上）のように，事業会社A社の株主が個人である場合には，その個人の相続に伴って株式が分散するリスクがあります。

これに対して，図表5-9（下）のように，事業会社A社の株主が一般社団法人である場合には，社員に相続が発生したとしても一般社団法人の社員構成に変動があるのみで，A社の株主は一般社団法人であることに変わりなく，A社の株式分散リスクを排除することができます。

第5章 どうなる!? 一般社団法人の取扱い

図表5-9 安定株主としての機能

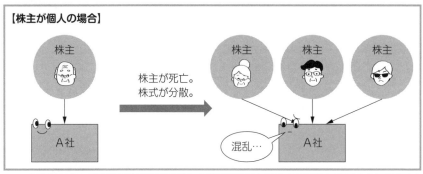

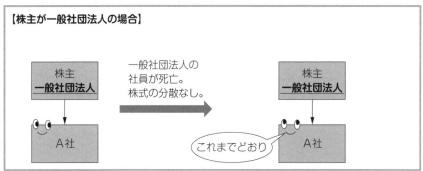

倒産隔離機能

　図表5-10（上）のように，事業会社A社の株主が個人である場合には，その個人が破産すると，A社株式は破産手続に伴って換価され，新しい株主によってA社は解散させられるリスクがあります。

　これに対して，図表5-10（下）のように，事業会社A社の株主が一般社団法人である場合には，社員が破産したとしても，一般社団法人の社員の地位に財産価値はないことから，一般社団法人が保有するA社株式にも影響はなく，事業会社のA社にとって解散リスクはありません。

図表 5-10 倒産隔離機能

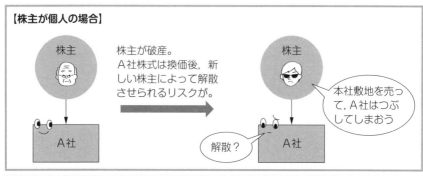

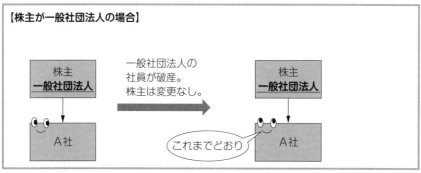

5.7 特徴①「持分のない法人」

Q 社員に相続が発生したときはどうなりますか？

A 社員の地位は承継されません。また，社員の地位に財産価値はないため，相続財産ともなりません。

 社員の地位

自然人である社員が死亡した場合，その社員は退社となります（一般法29三）。その社員に相続人がいる場合にも，社員の地位は相続人に承継されません。

したがって，その社員の相続人が新たに社員に加わりたい場合には，定款に定める方法に従って，別途手続をする必要があります（一般法11五）。

なお，社員全員の死亡等により，一般社団法人の社員がゼロとなってしまうと，一般社団法人は解散することになります（本章5.3参照）。

 相続財産

相続税も贈与税も，個人が「財産」を取得した場合に課税されますが，この「財産」とは，「金銭に見積もることができる経済的価値のあるすべてのものをいう」と定義されています（相法1の3，1の4，相基通11の2－1）。

持分や出資という概念がない一般社団法人の場合，一般社団法人に剰余金があったとしてもそれを社員に分配したり，一般社団法人が解散した場合の残余財産を社員に分配したりする旨の定款の定めは禁止されているため，社員であったとしても，その地位に経済的価値は帰属しません。

したがって，社員の地位（持分がない法人に対する影響力）には「金銭に見積もることができる経済的価値」はなく，相続税や贈与税が課税される「財産」には該当しない（一般社団法人の財産等はその社員の相続財産に反映されない）と解されています（図表5－11参照）。

ちなみに，株式会社の株主に相続が発生した場合，その株主が所有する株式は，相続財産を構成します。これは，株式会社が「持分のある法人」であり，

その株主が持分に応じて有する経済的価値（配当請求権，残余財産分配請求権など）に財産価値があるためです（図表 5 -12参照）。

図表5-11 持分がない場合（一般社団法人の場合）

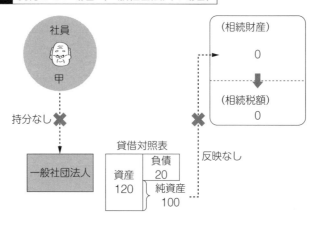

図表5-12 持分がある場合（株式会社の場合）

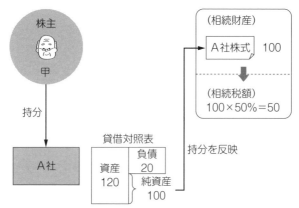

※ 純資産価額方式による評価を前提。
※ 甲の相続税の実効税率は50％と仮定。

5.8 特徴① 「持分のない法人」

Q 理事に相続が発生したときはどうなりますか？

A 理事の地位は承継されません。また，理事の地位に財産価値はないため，その相続人の相続財産とはなりません。ただし，平成30年度税制改正によって，特定一般社団法人等の理事が死亡した場合には，その特定一般社団法人等を個人とみなして，また，その特定一般社団法人等がその特定一般社団法人等の純資産額のうち一定額をその死亡した理事から遺贈により取得したものとみなして，その特定一般社団法人等に相続税が課税されることになりました。

 理事の地位

理事（役員）の地位は一身専属権であり，死亡した理事に相続人がいる場合にも，その地位は承継されません。なお，死亡に伴って，定款で定めた理事の員数に欠員が生じた場合には，後任者の選任手続をしなければなりません（一般法342十三）。

 平成30年度税制改正

平成30年度税制改正により，一定の節税防止のため，特定一般社団法人等の理事である者（理事でなくなった日から5年を経過していない者を含む）が死亡した場合には，その特定一般社団法人等につき，次の(1)(2)のとおりとみなして，その特定一般社団法人等に相続税が課税されることになりました（相法66の2①）。

(1) 次の金額をその死亡した者（以下，「被相続人」）から遺贈により取得したものとみなす

$$\frac{相続開始時におけるその特定一般社団法人等の純資産額}{相続開始時におけるその特定一般社団法人等の同族理事の数 + 1} = xxx$$

(2) 個人とみなす

特定一般社団法人等

特定一般社団法人等に該当するかどうかの主な判定は，図表5-13のとおりです（相法66の2②一三）。

図表5-13 特定一般社団法人等の判定

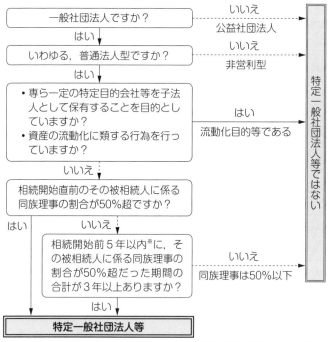

※ 平成30年3月31日までの期間は，50％を超える期間に該当しない（改正法附則43⑥）

 同族理事

同族理事とは，一般社団法人等の理事（理事でなくなった日から5年を経過していない者を含む）のうち，次の者をいいます（相法66の2①②二，相令34③）。

(1) 被相続人
(2) 被相続人の配偶者
(3) 被相続人の3親等内の親族（図表5-14参照）
(4) 被相続人と婚姻の届出をしていないが事実上婚姻関係と同様の事情にある者
(5) 被相続人の使用人及び使用人以外の者でその被相続人から受ける金銭その他の財産によって生計を維持しているもの
(6) 上記(4)(5)の者と生計を一にしているこれらの者の配偶者又は3親等内の親族
(7) 上記のほか，次に掲げる法人の会社役員又は使用人である者
　① 被相続人が会社役員となっている他の法人
　② 被相続人及び上記の者並びにこれらの者と特殊関係のある法人を判定の基礎にした場合に法人税法で規定する同族会社に該当する他の法人

図表5-14　3親等内の親族

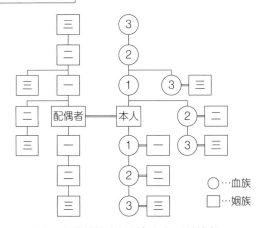

※　おじ・おばは対象となるが，いとこは対象外。

事　例

　例えば，被相続人（甲）の相続開始時における特定一般社団法人等の理事及び財産・債務等の状況が図表5-15の場合，その特定一般社団法人等は個人とみなされ，かつ，その特定一般社団法人等は純資産額120÷3（相続開始時に

おける同族理事の数2＋1）＝40を被相続人（甲）から遺贈により取得したものとみなして，その特定一般社団法人等に相続税が課税されます（いわゆる「相続税額の2割加算」の対象にもなります）（相法18①，66の2②二，相令34③）。

図表5-15 事例

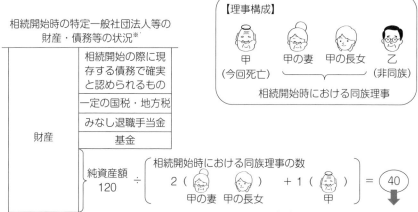

第 5 章　どうなる !?　一般社団法人の取扱い

5.9　特徴① 「持分のない法人」

Q　一般社団法人（普通法人型）に対して財産を遺贈した場合の課税関係について教えてください。

　一般社団法人において，法人税・相続税が課税されます。また，含み益のある不動産・株式等を遺贈した場合には，遺贈した者において所得税が課税されます。なお，一般社団法人に対して，贈与や低額譲渡があった場合の考え方も同様です。

● 一般社団法人への遺贈

前述のとおり，一般社団法人が所有する財産はその社員の個人財産には反映されません。では，この特徴を利用し，次のような遺贈をした場合，課税関係はどうなるでしょうか（図表 5 -16参照）。

(1) 前　　提

- ◆　甲の財産は A 社株式のみ（取得費100）
- ◆　法人税・地方税（以下，「法人税等」）の実効税率は30％，相続税の実効税率は40％
- ◆　一般社団法人 B の理事は，甲の親族が実質的に支配をしている（設立以来，甲の長男と長女の 2 名）
- ◆　甲は，「一般社団法人 B へ A 社株式を遺贈する」という遺言を書いていた
- ◆　甲の死亡時の A 社株式の時価は100

(2) 一般社団法人における法人税課税

甲が亡くなると，一般社団法人 B は遺言に従って時価100の A 社株式を無償で取得することから，受贈益100が生じ，これに対して法人税等30が課税されます。

(3) 一般社団法人における相続税課税（租税回避防止規定）

A 社株式を甲の相続人が相続すれば40の相続税が課税されるところ，一般

図表5-16 一般社団法人へ遺贈した場合

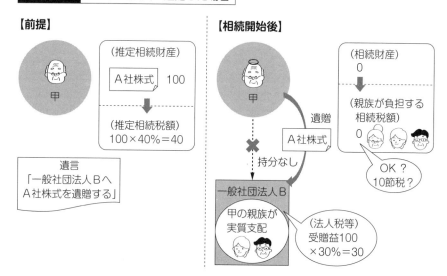

社団法人へ遺贈することによって法人税等30の課税で済み，差額の10は実質的に節税になると考えていいのでしょうか（図表5-16参照）？

実はそううまくはできていません。相続税法には租税回避防止規定があり，甲のケースのように財産を自己の親族が実質支配する一般社団法人に遺贈した場合，その一般社団法人を個人とみなして，一般社団法人に相続税が課税されます（相法66④，相令33③④）（本章5.10参照）。この場合，一般社団法人は，いわゆる「相続税額の2割加算」の対象にもなります（相法18①）。

つまり，法人税等30のほか，図表5-17のとおり，相続税18が課税されるため，トータルの税金は30＋18で48となります。したがって，何もしない場合の40よりも多く課税されることになり，節税とはならないのです。

(4) 相続人における相続税課税

甲の相続人は財産を相続していないので，相続人に相続税は課税されません。

(5) 特定一般社団法人等に対する課税

甲は一般社団法人Bの理事ではなく，過去5年以内に理事であったことも

第5章　どうなる!?　一般社団法人の取扱い

図表5-17　租税回避防止規定の適用

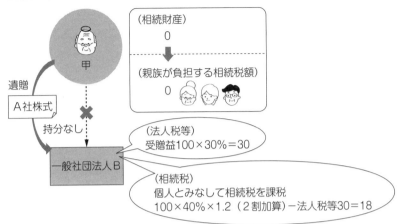

ないため、特定一般社団法人等である一般社団法人Bを個人とみなしての相続税課税はありません。

(6) 含み益がある場合の遺贈者における所得税課税

　上記の事例では、A社株式の取得費は時価と同額の100（含み益なし）でしたので、譲渡所得課税は生じませんが、含み益がある不動産・株式等を一般社団法人へ遺贈した場合には、譲渡所得課税が生じます。個人が一般社団法人へ不動産・株式等の譲渡所得の基因となる資産を遺贈した場合には、所得税の計算上、時価によりその資産の譲渡があったものとみなされるため、財産を遺贈した個人において課税が生じ、所得税の準確定申告が必要となる（申告や納税は相続人が行う）場合があります（所法59，所令169）。

　一般社団法人に対して遺贈により財産を移転する場合には、何も対策をしない場合よりも税負担が大きくなることがあるため、特に注意が必要です。

5.10 特徴① 「持分のない法人」

Q 一般社団法人に対して財産を贈与・遺贈した場合の租税回避防止規定について教えてください。

A 相続税法上，"特別の利益を受ける者に相続税・贈与税を課税する"という規定（以下，「防止規定①」）と，"一般社団法人に相続税・贈与税を課税する"という規定（以下，「防止規定②」）とが設けられています。

租税回避防止規定の概要

　原則として，相続税や贈与税の納税義務者は「個人」であり，「法人」は納税義務者とはなりません（相法1の3，1の4）。しかし，個人から一般社団法人へ財産の贈与や遺贈をし，その一般社団法人が特定の個人に特別の利益を与える場合には，持分のない法人である一般社団法人の財産は社員や理事の財産に反映されることがないことから，そのままでは相続税や贈与税の租税回避が可能となってしまいます。そこで，租税回避行為を防止するため，相続税法において，図表5-18のような2種類の租税回避防止規定が設けられています。なお，多くの場合は，「防止規定②」が適用されると考えられます。

防止規定①（相法65，昭39通20）

　図表5-18の判定の結果，「防止規定①」の適用を受ける場合には，財産の贈与又は遺贈があった時において，その一般社団法人から特別の利益を受ける者が，その財産の贈与又は遺贈により受ける利益の価額に相当する金額を，その財産の贈与又は遺贈をした者から贈与又は遺贈により取得したとみなされます。

防止規定②（相法66④，相令33③④）

　図表5-18の判定の結果，「防止規定②」の適用を受ける場合には，一般社団法人を個人とみなして，相続税又は贈与税が課税されます（相法66④）。
　なお，一般社団法人は「法人」ですので，財産を無償や低額で取得した場合

には，法人税の受贈益課税があり，さらに地方税も課税されます（法法22②，本章5.9参照）。そこで，防止規定②の適用により課税される相続税又は贈与税と法人税等の二重課税を排除するため，その相続税額又は贈与税額から，その贈与された財産に係る法人税額と一定の地方税額を控除することとされています（相法66⑤，相令33①）（本章5.9参照）。

図表5-18 租税回避防止規定の適用判定

```
一般社団法人（普通法人型）への財産の移転につき，適正対価の授受
があるか
        │                                              ある→ 租税回避防止規定の適用なし
       ない
        ↓
贈与・遺贈をした者，社員，理事，監事又はこれらの者の親族その他
これらの者と特別の関係がある者（以下，「贈与者等」）に対し，施設
の利用，余裕金の運用，解散した場合における財産の帰属，金銭の貸
付け，資産の譲渡，給与の支給，役員等の選任その他財産の運用及び
事業の運営に関して特別の利益（以下，「特別の利益」）を与えるか
        │                           │
       与える                       与えない
        ↓                           ↓
その特別の利益を              次の要件をすべて満たせるか
受ける者は，今回              (a) 定款に，ⓐ役員のうち親族関係者の割合を
贈与若しくは遺贈                  1/3以下とする旨の定め，ⓑ解散した場合の
をした者又はこれ                  残余財産が国等に帰属する旨の定めがある
らの者の親族その              (b) 贈与・遺贈前3年以内にその贈与者等に対
他これらの者と特                  し特別の利益を与えたことがなく，かつ，定
別の関係があるか                  款においてその贈与者等に対し特別利益を与
                                  える旨の定めがない          満たせる→ 租税回避防止規定の適用なし
                              (c) 贈与・遺贈前3年以内に国税・地方税につい
                                  て重加算税・重加算金を課されたことがない
                              (d) 運営組織が適正である
                              (e) 法令等に反する事実がない
   ない      ある                          │
    ※        │                          満たせない
    ↓        ↓                            ↓
         防止規定①                      防止規定②
   特別の利益を受ける者に            一般社団法人に
   相続税・贈与税を課税              相続税・贈与税を課税
```

※ 例えば，理事Aに対する施設の利用について特別の利益を与える一般社団法人Xに対して，他人のBが寄附をした場合には，この「ない」に該当するため「防止規定①」の適用を受けます。しかし，そのような事例は少ないと思われるため，前述のように，多くの場合は，「防止規定②」が適用されると考えられます。

5.11 特徴②「剰余金の分配ができない」

Q 剰余金の分配をすることができないとは，どういうことですか？

A 一般社団法人は，社員に剰余金又は残余財産の分配を受ける権利を与える旨の定款の定めをすることができません（一般法11②）。また，社員総会で社員に剰余金を分配する旨の決議をすることはできません（一般法35③）。したがって，個人が一般社団法人から金員を獲得する方法は，株式会社と比べて限定されます。

株式会社との金員獲得方法の比較

剰余金の分配ができる株式会社と，剰余金の分配ができない一般社団法人とを，図表5-19で比較してみてみます。それぞれ，A社という事業会社の株式を100％所有していたとします。

図表5-19 剰余金の分配ができる場合・できない場合

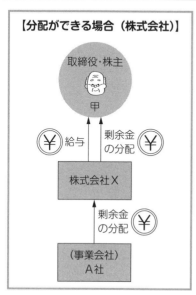

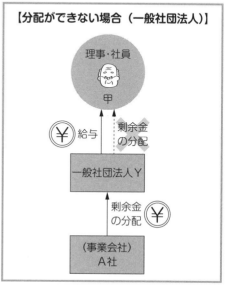

まず，事業会社 A 社は株式会社 X・一般社団法人 Y に対して剰余金の分配をします。続いて，甲の株式会社 X・一般社団法人 Y からの金員獲得方法は，役員（取締役や理事）の給与として獲得できる点では同じです。しかし，一般社団法人 Y の場合は剰余金の分配ができないため，甲の金員獲得方法が株式会社 X と比べて限定されることになります。

5.12 特徴②「剰余金の分配ができない」

Q 一般社団法人が解散した場合,残余財産を社員に帰属させることはできますか?

A あらかじめ定款で定めておくことはできませんが,残余財産の帰属に関する定めが定款になければ,社員総会決議により社員に帰属させることができると解されています。

残余財産の帰属

一般社団法人は,社員に剰余金又は残余財産の分配を受ける権利を与える旨の定款の定めをすることはできません(一般法11②)。

では,解散した場合の残余財産の帰属はどうなるかというと,定款に定めがあればその定めにより,定めがない場合は社員総会の決議によって定め,これらにより帰属が定まらない残余財産は国庫に帰属するとされています(一般法239)(図表5-20参照)。

これにより,定款に残余財産の帰属先に関する定めがなくても,社員総会の決議によって社員に対して残余財産を帰属する定めをすることもできると解されています。

租税回避のための仮装的行為と認定されないよう,一般社団法人を設立する際は,長いスパンで運営することを前提としたほうがよいと考えます。

図表5-20 剰余金・残余財産の分配

社員に分配を受ける権利を与える旨の定款の定めは不可(一般法11②)

社員に分配する旨の社員総会決議は不可(一般法35③)

【帰属先】(一般法239)
① 定款で定めるところによる
② **定款に定めがない場合は,社員総会決議により決定**
③ ①②により帰属が定まらない残余財産は,国庫に帰属する

【参考文献】

寺本昌弘『逐条解説　新しい信託法（補訂版）』（商事法務）
道垣内弘人『信託法』（有斐閣）
道垣内弘人『条解　信託法』（弘文堂）
遠藤英嗣『新訂　新しい家族信託』（日本加除出版）
遠藤英嗣『家族信託契約』（日本加除出版）
平川忠雄監修，遠藤英嗣・中島孝一・星田寛編『民事信託実務ハンドブック』（日本法令）
奥村眞吾『税理士が知っておきたい信託の活用事例と税務の急所』（清文社）
神田秀樹・折原誠『信託法講義』（弘文堂）
右山昌一郎監修『これだけは知っておきたい成年後見・信託・年金制度』（大蔵財務協会）
全国女性税理士連盟『成年後見ハンドブック』（清文社）
児島明日美・村山澄江『今日から成年後見人になりました』（自由国民社）
『信託フォーラム Vol.9』（日本加除出版）
公益法人実務研究会編集『一般・公益社団・財団法人の実務』新日本法規

索　引

あ　行

後継ぎ遺贈型の受益者連続の信託 …… 143
安定株主としての機能 ……………… 180
意思決定に係る権利 ………………… 138
委託者 …………………………… 5, 118
委託者の権利 ………………………… 118
委託者の死亡 ………………………… 122
委託者の相続人の権利 ……………… 123
委託者の地位 ………………………… 120
委託者の地位の承継 ………………… 123
委託者の破産 ………………………… 121
一般財団法人 ………………………… 168
一般社団法人 ………………………… 164
遺留分 …………………… 20, 89, 118
遺留分侵害額の請求 ……………… 20, 89
遺留分の減殺請求 …………………… 20
印紙税 …………………………… 98, 105

か　行

会計監査人 …………………… 176, 178
会計基準 ……………………………… 177
会計処理 ………………………………… 90
解散 …………………………………… 196
確定申告書添付書類 ………………… 137
確定日付 ………………………………… 74
借入 …………………………………… 151
監査 …………………………………… 178
監事 …………………………………… 176
元本受益権 …………………………… 109
元本受益者 …………………………… 109
機関設計 …………………… 168, 171, 175
議決権 ………………………………… 173
議決権行使の指図権 ……………… 53, 59
帰属権利者 …………………… 87, 88, 106

寄附者 ………………………………… 178
共益型 …………………………… 165, 166
競合行為 ………………………………… 78
行政庁 ………………………………… 165
共有相続 ………………………………… 42
拒否権付株式 …………………………… 51
経営の空白期間 ………………………… 61
計算期間 ………………………………… 90
計算書類 ……………………………… 177
公益社団法人 ………………………… 165
公益法人等 …………………………… 164
公正証書 ………………………………… 74
公平義務 ………………………………… 79
固有財産 ………………………………… 80

さ　行

財産 …………………………………… 183
財産状況開示資料 ……………………… 92
詐害信託 ……………………………… 121
指図権者 ………………………………… 6
残余財産受益者 ……………… 87, 88, 106
残余財産の帰属 ……………………… 196
残余財産の帰属者 ………………… 87, 88
残余財産の分配 ……………………… 196
自益信託 ………………………… 10, 77, 96
事業内容 ……………………………… 171
事業報告書 …………………………… 177
事業目的 ………………………………… 63
資金調達 ……………………………… 171
自己信託 ……………………… 55, 76, 77
実務対応報告Ｑ８ ……………………… 91
社員 …………………………… 169, 173
社員総会 ……………………… 170, 175
社員の地位 …………………………… 183
社員の人数 …………………………… 173

索 引

収益事業課税……………………… 164
収益受益権………………………… 109
収益受益者………………………… 109
終了事由…………………………… 85
受益権………………………… 4, 108
受益権の質権設定………………… 142
受益権の譲渡……………………… 141
受益権の評価……………………… 108
受益債権…………………………… 7
受益者……………………………… 5
受益者がいない信託……………… 148
受益者指定権者…………………… 6
受益者代理人……………… 6, 130, 139
受益者の資格……………………… 139
受益者の死亡……………………… 147
受益者の破産……………………… 146
受益者への報告………………… 90, 93
受益者変更権者…………………… 6
受益者や権利内容以外の変更…… 104
受益者や権利内容の変更………… 104
受益者連続型信託……… 32, 42, 49, 143
受益証券…………………………… 7
受託者…………………………… 5, 127
受託者の解任……………………… 135
受託者の義務……………………… 78
受託者の資格……………………… 131
受託者の辞任……………………… 134
受託者の死亡……………………… 132
受託者の責任……………………… 79
受託者の相続人…………………… 133
受託者の破産……………………… 131
受託者を監督する権利…………… 138
種類株式…………………………… 51
小規模宅地等の特例……………… 30
消極財産…………………………… 151
商事信託…………………… 9, 11, 125
剰余金の分配……………………… 194
将来受けるべき利益……………… 109

除名………………………………… 174
所有権の移転の登記……………… 101
所有権の信託の登記……………… 101
書類の作成・保存………………… 91
資料等の閲覧請求権……………… 130
新受託者…………………………… 132
新受託者の選任……………… 131, 132
身上監護…………………………… 26
信託…………………………… 4, 24
信託監督人………………… 5, 19, 130
信託管理人………………………… 6
信託期間…………………………… 144
信託業……………………………… 124
信託業法…………………… 9, 124, 125
信託契約…………………………… 74
信託行為………………………… 4, 74
信託財産………………………… 4, 80
信託財産責任負担債務…………… 127
信託事務処理……………………… 128
信託事務処理者…………………… 6
信託事務処理者の監督義務……… 79
信託事務遂行義務………………… 78
信託事務の処理に関する書類…… 92
信託事務の処理の状況についての報告
　義務……………………………… 79
信託事務を処理するために必要な費用
　…………………………………… 154
信託終了時………………………… 106
信託宣言…………………………… 74
信託帳簿………………………… 90, 92
信託に関する受益者別（委託者別）調
　書………………………………… 114
信託の計算書……………………… 112
信託の終了………………………… 85
信託の対象………………………… 80
信託の変更………………………… 83
信託の方法………………………… 74
信託の目的………………………… 62

199

信託法	125
信託法改正	2
信託報酬	124, 126
信託法上の罰則	136
清算	159
清算受託者	87, 159
精神障害	68
成年後見	22, 23, 24
成年後見制度	15, 22
成年後見人の報酬額	126
税務署	112
税務上の罰則	136
善管注意義務	78
相続税額の2割加算	38
租税回避防止規定	103, 137, 189, 192
損益計算書	177

た 行

退社	174
貸借対照表	177
他益信託	10, 96
地位の移転	120
地位の相続	122
忠実義務	78
帳簿	92
帳簿閲覧権	88
抵当権	153
同意者	6
登記	8, 80
倒産隔離機能	131, 155, 181
登録	8, 80
登録免許税	98, 105, 106
特定委託者	99
特定一般社団法人等	186

な 行

入社	174
任意後見制度	22

任意後見人	23
任意退社	174
任期	176
認知症	25
認知症対策	14

は 行

配当優先無議決権株式	52
破産	82
罰則	136
非営利徹底型	165, 166
評議員会	170
費用の前払	154
複層化信託	109, 110
附属明細書	177
普通法人型	165, 189
不動産取得税	98, 105, 107
不動産所得に関する明細書	114
分別管理	8, 82
分別管理義務	79
変更当事者	83
変更方法	83
法人課税信託	147, 148
法定後見制度	22
法定退社	174
法律行為	14
保存期間	92, 177

ま 行

みなし寄附金	167
みなし受益者	99
みなし譲渡課税	148
民事信託	9, 125
持分	170

や 行

遺言	74

遺言信託 …………………………… 45, 47
遺言代用信託 ………………… 28, 47, 58
預金 ………………………………… 157

ら 行

利益相反行為 ………………………… 78
利害関係人 ………………………… 130
理事 …………………………… 170, 176
理事会 ……………………………… 176
理事の地位 ………………………… 185

【著者略歴】

宮田　房枝（みやた　ふさえ）

昭和54年　三重県生まれ
平成13年　税理士試験合格
平成14年　上智大学経済学部　卒業
　　大原簿記学校税理士講座講師，新日本アーンスト アンド ヤング税理士法人（現 EY 税理士法人）他会計事務所勤務を経て
平成23年　税理士法人タクトコンサルティング　入社
信託法学会　会員

【主な著書等】

『"守りから攻め"の事業承継対策Q＆A』（共著，ぎょうせい）
『新・事業承継税制Q＆A』（共著，日本法令）
『税理士・公証人による相続税と信託ガイドブック』（共著，大蔵財務協会）
『そこが知りたかった！　民事信託Q＆A100』（中央経済社）
『～乗り切ろう超高齢社会～　これだけは知っておきたい成年後見・信託・年金制度』（共著，大蔵財務協会）
『資産家増税時代の"守りから攻め"の相続対策Q＆A』（共著，ぎょうせい）
『相続の手続・税務・調査対応Q＆A』（共著，中央経済社）
『図解　相続税・贈与税のしくみ』（共著，東洋経済新報社）
『東日本大震災に関連する税務上の諸取扱いについて』（情報センサー平成23年6月号，新日本有限責任監査法人）
『日本版LLP実務ハンドブック』（共著，商事法務）

イラスト：宮田知佳

図解
相続対策で信託を使いこなす

2014年10月15日	第1版第1刷発行
2017年 8月25日	第1版第19刷発行
2019年 1月20日	改訂・改題第1版第1刷発行
2019年 5月20日	改訂・改題第1版第4刷発行

著 者　宮　田　房　枝
発行者　山　本　　　継
発行所　㈱中央経済社
発売元　㈱中央経済グループ
　　　　パブリッシング

〒101-0051　東京都千代田区神田神保町1-31-2
電話　03 (3293) 3371 (編集代表)
　　　03 (3293) 3381 (営業代表)
http://www.chuokeizai.co.jp/
印刷／昭和情報プロセス㈱
製本／㈲井上製本所

©2019
Printed in Japan

＊頁の「欠落」や「順序違い」などがありましたらお取り替えいたしますので発売元までご送付ください。(送料小社負担)

ISBN978-4-502-29061-9　C3034

JCOPY〈出版者著作権管理機構委託出版物〉本書を無断で複写複製(コピー)することは，著作権法上の例外を除き，禁じられています。本書をコピーされる場合は事前に出版者著作権管理機構(JCOPY)の許諾を受けてください。
JCOPY〈http://www.jcopy.or.jp　eメール：info@jcopy.or.jp〉

● 実務・受験に愛用されている読みやすく正確な内容のロングセラー！

定評ある税の法規・通達集シリーズ

所得税法規集
日本税理士会連合会 編
中央経済社

❶所得税法 ❷同施行令・同施行規則・同関係告示 ❸租税特別措置法（抄） ❹同施行令・同施行規則・同関係告示（抄） ❺震災特例法・同施行令・同施行規則（抄） ❻復興財源確保法（抄） ❼復興特別所得税に関する政令・同省令 ❽災害減免法・同施行令（抄） ❾国外送金等調書提出法・同施行令・同施行規則・同関係告示

所得税取扱通達集
日本税理士会連合会 編
中央経済社

❶所得税取扱通達（基本通達／個別通達） ❷租税特別措置法関係通達 ❸国外送金等調書提出法関係通達 ❹災害減免法関係通達 ❺震災特例法関係通達 ❻索引

法人税法規集
日本税理士会連合会 編
中央経済社

❶法人税法 ❷同施行令・同施行規則・法人税申告書一覧表 ❸減価償却耐用年数省令 ❹法人税法関係告示 ❺地方法人税法・同施行令・同施行規則 ❻租税特別措置法（抄） ❼同施行令・同施行規則・同関係告示（抄） ❽震災特例法・同施行令・同施行規則（抄） ❾復興財源確保法（抄） ❿復興特別法人税に関する政令・同省令 ⓫租特透明化法・同施行令・同施行規則

法人税取扱通達集
日本税理士会連合会 編
中央経済社

❶法人税取扱通達（基本通達／個別通達） ❷租税特別措置法関係通達（法人税編） ❸連結納税基本通達 ❹租税特別措置法関係通達（連結納税編） ❺減価償却耐用年数省令 ❻機械装置の細目と個別年数 ❼耐用年数の適用等に関する取扱通達 ❽震災特例法関係通達 ❾復興特別法人税関係通達 ❿索引

相続税法規通達集
日本税理士会連合会 編
中央経済社

❶相続税法 ❷同施行令・同施行規則・同関係告示 ❸土地評価審議会令・同省令 ❹相続税法基本通達 ❺財産評価基本通達 ❻相続税法関係個別通達 ❼租税特別措置法（抄） ❽同施行令・同施行規則・同関係告示（抄） ❾租税特別措置法（相続税法の特例）関係通達 ❿震災特例法・同施行令・同施行規則（抄）・同関係告示（抄） ⓫災害減免法・同施行令 ⓬国外送金等調書提出法・同施行令・同施行規則・同関係通達 ⓭民法（抄）

国税通則・徴収法規集
日本税理士会連合会 編
中央経済社

❶国税通則法 ❷同施行令・同施行規則・同関係告示 ❸関係通達 ❹租税特別措置法・同施行令・同施行規則（抄） ❺国税徴収法 ❻同施行令・同施行規則 ❼滞調法・同施行令・同施行規則 ❽税理士法・同施行令・同施行規則・同関係告示 ❾電子帳簿保存法・同施行令・同施行規則・同関係告示・同関係通達 ❿行政手続オンライン化法・同国税関係法令に関する省令・同関係告示 ⓫行政手続法 ⓬行政不服審査法 ⓭行政事件訴訟法（抄） ⓮組織的犯罪処罰法（抄） ⓯没収保全と滞納処分との調整令 ⓰犯罪収益規則（抄） ⓱麻薬特例法（抄）

消費税法規通達集
日本税理士会連合会 編
中央経済社

❶消費税法 ❷同別表第三等に関する法令 ❸同施行令・同施行規則・同関係告示 ❹消費税法基本通達 ❺消費税申告書様式等 ❻消費税法等関係取扱通達等 ❼租税特別措置法（抄）・同施行令・同関係通達 ❽消費税転嫁対策法・同ガイドライン ❾震災特例法・同施行令（抄）・同関係告示 ❿震災特例法関係通達 ⓫税制改革法等 ⓬地方税法（抄） ⓭同施行令・同施行規則（抄） ⓮所得・法人税政令（抄） ⓯輸徴法令 ⓰税法令 ⓱税定率法令

登録免許税・印紙税法規集
日本税理士会連合会 編
中央経済社

❶登録免許税法 ❷同施行令・同施行規則 ❸租税特別措置法・同施行令・同施行規則（抄） ❹震災特例法・同施行令・同施行規則 ❺印紙税法 ❻同施行令・同施行規則 ❼印紙税法基本通達 ❽租税特別措置法・同施行令・同施行規則（抄） ❾印紙税額一覧表 ❿震災特例法・同施行令・同施行規則（抄） ⓫震災特例法関係通達等

中央経済社